J - 2

D0873031

LA VACUNA CONTRA EL MIEDO

MÉTODO PARA VENCER
LOS MIEDOS INFANTILES

LA VACUNA CONTRA EL MIEDO

MÉTODO PARA VENCER LOS MIEDOS INFANTILES

MONTSE DOMÈNECH

PLAZA JANÉS

Primera edición: febrero, 2016

© 2016, Montse Domènech
© 2016, Penguin Random House Grupo Editorial, S. A. U.
Travessera de Gràcia, 47-49. 08021 Barcelona
© 2016, Marisa Martínez, por las ilustraciones

Printed in Spain – Impreso en España

ISBN: 978-84-01-01676-9
Depósito legal: B-25.919-2015

Compuesto en Anglofort, S. A.

Impreso en Limpergraf, S. A.
Barberà del Vallès (Barcelona)

L 0 1 6 7 6 9

Penguin
Random House
Grupo Editorial

A mis queridos nietos Damià, Marc y Sara,
que han hecho del miedo un juego divertido

El miedo es un sentimiento natural y constitutivo de la especie humana y, por ello, no es negativo en sí mismo, y quizás es inevitable que el niño, al recorrer las primeras fases de su edad evolutiva, viva emociones desagradables y tenga miedo. Incluso se puede admitir que aunque el miedo no proceda de una fuente, en el caso específico de los cuentos de hadas, brotará espontánea e inexplicablemente de otra, incluso de la más inimaginable, con independencia de condicionamientos externos, como por ejemplo el tubo del desagüe de la bañera.

ANGELO NOBILE,
Literatura infantil y juvenil

ÍNDICE

Cómo afrontar los miedos de los niños

Siete cuentos para niños miedosos

Cuaderno práctico para los miedos de los niños

AGRADECIMIENTOS

A mis compañeros de equipo, Eduard, Roser, Laura y Alba, les agradezco el tiempo que han dedicado a compartir conmigo sus inquietudes, dudas y decisiones para ayudar a los niños y a las niñas a superar sus miedos.

PRÓLOGO

¿Qué es el miedo?

> Las fantasías surgen por una combinación inconsciente de cosas experimentadas y oídas, construidas con unas intenciones determinadas. Si añadimos percepciones y sentimientos a los recuerdos, tenemos una definición de la función defensiva de las fantasías que se ajustan al miedo de los niños al infanticidio. La fantasía nunca está divorciada de la realidad.
>
> SIGMUND FREUD,
> en una carta escrita en 1897
> a su amigo Wilhelm Fliess

El miedo es una manifestación emocional muy frecuente, sobre todo en la infancia, ante situaciones y experiencias nuevas. Es una respuesta innata de nuestra mente, forma parte de nuestro ADN emocional. Lo sufren todos los animales, incluido naturalmente el ser humano, ante una sensación que se nos presenta como desagradable o ante la percepción de cualquier peligro.

Hablamos de miedo real cuando es directamente proporcional a la dimensión de la amenaza. Y hablamos de miedo neurótico cuando la proporción del miedo no tiene ninguna relación con el peligro.

El miedo es beneficioso, ya que es una reacción que forma parte de nuestro instinto de conservación. Si este no existiera, probablemente nos habríamos extinguido hace ya millones de años. Es más, sin el miedo podríamos asegurar que no habría vida animal en el planeta. Es la angustia que nos hace reaccionar ante el peligro, ante cualquier amenaza, y nos pone en alerta. De esa manera podemos eludir aquello que puede dañarnos.

A pesar del trastorno emocional que produce, podríamos decir que es un «trámite» natural, e incluso necesario, en el proceso madurativo del niño.

Puede crear varios tipos de trastorno:

- *Emocional*: angustia, ansiedad, inseguridad, estrés, insomnio...
- *Conductual*: rabietas, malos hábitos, rebeldía...
- *Fisiológico*: episodios de mareo, vértigos, dolores de estómago...

En este manual vamos a profundizar en el miedo de los niños. Aprenderemos a conocer las causas de sus temores, lidiaremos con ellos y aprenderemos a dominarlos para que dejen de ser un problema en el día a día de los pequeños.

¿POR QUÉ TIENEN MIEDO LOS NIÑOS?

Desde el momento del nacimiento, los niños sienten inseguridades ante todas las situaciones desconocidas porque aún no han aprendido a aplicar modelos que les den seguridad. Van adquiriendo este recurso a medida que experimentan y cogen confianza. Esta inseguridad se manifiesta en forma de miedo cuando no tienen control sobre situaciones nuevas, sobre el entorno o cuando los referentes familiares no les ofrecen un modelo que favorezca su confianza.

Todos los niños, en algún momento de su vida, tienen miedo. Esos terrores nocturnos acostumbran a aparecer en la franja anterior a los siete años. Es durante este período cuando la imaginación les juega más malas pasadas, porque el pensamiento no es muy realista. Su aprendizaje les viene por datos que reciben del exterior pero que no acaban de cohesionar. Ellos sienten y perciben cosas, pero no acaban de ligarlas. Su imaginación está disparada, su mente se llena de todo tipo de monstruos, ya sean reales y/o imaginarios.

A esta edad, pueden tener miedo de la oscuridad porque no desconectan su imaginación, y esos monstruos, robots, espectros, fantasmas y vampiros se acuestan en la misma cama que ellos. Los objetos cotidianos, que durante el día pueden incluso formar parte de sus juegos, se transforman en sombras tenebrosas. Para el niño es muy real; la idea de tener una amenaza debajo de su propia cama puede llegar a ser tremendamente angustiosa. Todavía es incapaz de diferenciar entre lo real y lo irreal, no sabe distinguir entre un miedo tangible y un miedo completamente irracional.

Esta situación se puede alargar hasta los nueve o diez años. Así pues, tendremos que convivir con los miedos de nuestros hijos hasta que desaparezcan.

Miedo e imaginación

A medida que los niños crecen, también lo hace su imaginación, así como su capacidad para visualizar posibles amenazas. Empiezan a imaginar «cosas» que creen que pueden atraparlos. Esta imaginación da lugar a una mayor conciencia de su vulnerabilidad. Y durante el sueño es cuando se rinde la vigilancia y, por lo tanto, cuando se sienten más vulnerables. La solución que encuentra el niño a este problema es la búsqueda de la protección, pues cuando están asustados todos buscan su comodidad ahí donde se encuentran sus padres.

DAVID D. O'GRADY,
doctor en Psicología Clínica y Neuropsicología

LA IMAGINACIÓN DESBORDADA

Los miedos suelen aparecer de noche, pero a veces, por ejemplo en casa, con las luces encendidas, muchos niños no son capaces de ir solos de una habitación a otra: al lavabo, al dormitorio de sus padres a buscar algo, o a la cocina a por una cuchara... Porque no saben qué encontrarán. Como tienen la imaginación muy desarrollada y han recibido mucha información (de películas, dibujos, cómics..., de cosas que han visto), pueden pensar: «En la cocina igual me está esperando el lobo de Caperucita o algo peor». Esto ocurre porque lo mezclan todo, todavía no son capaces de distinguir los estímulos, no tienen un pensamiento concreto.

¿Qué favorece la aparición de los miedos?

El hecho de que los niños vean películas, o las noticias, puede favorecer pequeños traumas que quedan ahí y después desarrollar miedos. Esto no significa que no deban verlas, pero siempre han de hacerlo acompañados y con explicaciones:

«Esto que has visto ocurre muy lejos de aquí», «Esto sucede algunas veces en el mundo, pero aquí no pasa»... Es bueno que lo sepan, pero al mismo tiempo hay que tranquilizarlos.

Existen diversos factores que favorecen la aparición de miedos:

- *Estímulos audiovisuales.* Ver películas de terror o destinadas a adultos, o que los niños se sienten delante de la pantalla del televisor y los padres no controlen lo que están viendo. Y no solo películas, también las noticias o según qué tipo de documentales. Habría que controlar asimismo qué «programas infantiles» están visionando. Algunos dibujos pueden ser extraordinariamente violentos, otros pueden tener personajes bastante tenebrosos y espeluznantes. Mucho cuidado con la programación infantil que hay en televisión. ¡Incluso a mí me da miedo! Resulta aconsejable que seamos nosotros mismos los que escojamos los programas adecuados. Mucho mejor si les ponemos una película, una que ya hayamos visto y, conociendo los gustos de nuestro hijo, que pueda disfrutar sin que le cause pesadillas. Al mismo tiempo, estaremos iniciando al niño en el mundo del cine, lo cual es beneficioso, mucho más que algunos programas de televisión; si se aficiona al séptimo arte, cuando crezca nos lo agradecerá. También puede ser agradable ver una película que nos gustó a nosotros cuando éramos pequeños y compartirla con él.

- Existen casos en que las *discusiones entre los padres* se transforman en miedos nocturnos porque hay una inseguridad en el núcleo familiar, especialmente si dichas discusiones tienen cierta dosis de violencia verbal o física. Tengamos cuidado con lo que decimos ante los pequeños de la casa. Las discusiones, aunque no sean violentas, pueden hacerles pensar que hay posibilidades de separación, y causarles, por tanto, mucha angustia.

- Hay que vigilar las *bromas pesadas*. Que un pariente «gracioso» o un hermano mayor le dé un susto o le cuente historias para aterrorizarlo. Aunque después le diga que es broma, el mal ya está hecho.

Cuando yo tenía seis o siete años, una mujer que hacía las tareas del hogar en casa se metió debajo de la cama sin yo saberlo, y cuando estaba a punto de dormirme escuché un gruñido y, claro, me quedé helada.

Este tipo de cosas son las que pueden traumatizar la mente de un niño; en ocasiones permanecen clavadas durante muchos años.

Terapia compensatoria positiva

Cuando detectamos que puede haber un trauma de este tipo, tenemos que erradicarlo, sobre todo hablándolo. Hay que identificar qué pasó, cuál fue la emoción que lo causó, y sustituirla por refuerzos más optimistas, por ejemplo: «Esto pasó una vez y menudo susto, qué mal lo pasaste, pero fíjate después qué bien has estado, no ha pasado nunca más, debajo de la cama no hay nadie, ya lo sabes...». Esto se llama hacer terapia compensatoria, basada en la psicología positiva.

Un seguro de vida

No todo el miedo es malo. De hecho, el miedo hace la función de un seguro de vida, pues sin él nos lanzaríamos de cabeza a los peligros. Algunos temores son evolutivos en la naturaleza. Muchos niños y adultos sienten miedo de cosas de las que no han tenido una experiencia negativa previa, pero su cerebro está diseñado para protegerlos de esos peligros. Eso ocurre, por ejemplo, con el miedo a las serpientes, que, aunque rara vez alguien se vaya a encontrar con una especie venenosa, está programado para huir de ella.

La explosión de conocimientos y experiencias durante los años escolares introduce a los niños a más peligros existentes en el mundo real: simulacros de incendio, noticias de ladrones, tormentas, guerras. El realismo comienza a anteponerse, por eso no se debe asumir que los padres deben conocer el origen exacto de los temores de su hijo.

TAMAR E. CHANSKY,
psicólogo, fundador y director del
Children's and Adult Center for OCD and Anxiety

Cómo afrontar los miedos de los niños

MIEDO A LA ESCUELA

Si nuestros hijos han tenido la suerte de ir a parar a una clase en la que sus compañeros son amigos suyos, nos ha tocado la lotería. Si además el tutor, o los distintos profesores, vela por la armonía entre los alumnos y el propio docente disfruta de su trabajo y tiene los medios para hacerlo bien, entonces nos ha tocado el Gordo de Navidad.

Desgraciadamente, no siempre es así. En una clase puede haber niños que viven en un ambiente desestructurado y lo que ven en sus hogares lo exportan al entorno escolar. Si en su hogar impera una atmósfera agresiva, serán agresivos con sus compañeros.

Puede suceder que un profesor no cause «buenas sensaciones» al alumno recién llegado porque ve al maestro muy serio o con cara de pocos amigos; no lo conoce realmente. Algunos niños se asustan ante personas nuevas con las que tienen que pasar muchas horas del día.

Hay numerosos motivos por los que una escuela o un aula puede ser la antesala del infierno para un alumno.

Los niños, que en muchos casos pueden llegar a ser muy

morbosos, explican cosas que muchas veces se las inventan o las han oído y las magnifican. Todos, durante la infancia, hemos dado crédito a fantasías francamente delirantes de nuestros compañeros de clase (historias rocambolescas que incluían momias, vampiros y demás fauna poco recomendable). A veces incluso eran narradas por alumnos de cursos más avanzados, o también por adultos que disfrutaban viendo nuestra congoja.

En alguna escuela existe la posibilidad de que ocurra un suceso realmente grave; por ejemplo, el caso de un instituto en la Sagrera (Barcelona) en el que un niño mató a un profesor. Esto causó mucha alarma entre los críos, y muchos me preguntaban: «¿Esto puede pasar en mi escuela?». Y, claro, la respuesta debería ser: «Hombre, sería tan raro que ocurriera...».

Sin embargo, no les puedes decir que no, porque no lo sabemos, como no sabemos si algún día se nos caerá el techo del despacho en la cabeza o se abrirá el suelo bajo nuestros pies. No podemos negar que pueda llegar a ocurrir un caso como este, pero sí decirle al niño: «¿Cuándo has visto que pase algo así?, ¿verdad que no lo has visto nunca?».

Otro origen del miedo, de hecho el que resulta más devastador, es el de las amenazas por parte de otros niños en el colegio. Una situación constante de terror a ser agredido o a ser ridiculizado puede provocar un estado constante de estrés.

El pánico a ir a la escuela tiene consecuencias graves a la hora del sueño nocturno. Si nuestro hijo va con miedo al colegio, tenemos que averiguar la razón; hablemos con él, demostrémosle que merecemos su amor y su confianza. En caso de duda, será necesario entrevistarnos con su tutor para descartar un posible caso de acoso escolar.

De la misma manera que nos preocuparía mucho que nuestro hijo sufriera el acoso de otros alumnos, deberíamos indagar si nuestro hijo podría ser la causa de lo contrario: que sea un acosador, que colabore con un acosador, o que sea testigo de algo así y le traiga sin cuidado. Hablemos con él y averigüemos qué relación tiene con sus compañeros. Si ser acosado puede causar desequilibrios a corto y largo plazo, ser acosador también puede provocar problemas en el futuro.

A la angustia de ir a la escuela no deberíamos llamarla miedo, ya que no se trata de un miedo irracional. En todo caso, estos críos sienten ansiedad, temor de encontrarse en situaciones que no tienen controladas.

Les da miedo encontrarse con determinados niños, o les da pavor encontrarse con el profesor que hace unos días les regañó, pero es otro tipo de miedo, es miedo a una situación en la que ellos no se sienten cómodos, que les provoca ansiedad. Algo parecido nos ocurre a los adultos cuando tenemos que ir al trabajo; si el nuestro es un oficio estresante o sufrimos *mobbing* por parte de los jefes o compañeros, iremos a trabajar igual de angustiados que un niño dentro de una escuela con un ambiente hostil.

¿Podemos hablar con los niños de sus miedos?

Los niños entienden que los pensamientos negativos pueden hacerte sentir mal antes de entender que, por el contrario, los pensamientos positivos pueden ayudar a que te sientas bien, cosa que no ocurre antes de los siete años.

A pesar de esta toma de conciencia, los preescolares jóvenes carecen del control necesario para redirigir sus pensamientos, lo que explica por qué tratar de hablar con un niño pequeño de sus miedos es improductivo.

KRISTIN LAGATTUTA,
doctora en Psicología, Universidad de California en Davis

TERRORES NOCTURNOS

De las distintas maneras de manifestar el miedo a la noche, una de las más comunes es el «terror nocturno». Hay que diferenciar entre los terrores nocturnos y las pesadillas. En el caso de los primeros, el niño está durmiendo y de pronto nos despierta súbitamente porque se pone a chillar. Sucede en una fase determinada de su crecimiento; normalmente es a los dos o tres años, y no tienen por qué padecerlo todos los niños, son casos menos habituales. No existe ninguna razón para ello. Ni siquiera se acuerdan al día siguiente. Como es lógico, los padres se alarman mucho. Los niños no se despiertan durante uno de estos episodios, lo cual los diferencia de las pesadillas. Los terrores tienen lugar durante la primera mitad de la noche, cuando el sueño es más profundo. Por esa razón no recuerdan nada cuando se despiertan.

El terror nocturno es posible que se manifieste en forma de llantos, quejidos o gritos, sudor frío e incluso temblores. En algunos casos, el niño llega a incorporarse del lecho. Sin embargo, a pesar de su espectacularidad, raramente se acuerda de lo que ha soñado.

Hay que actuar igual que con un sonámbulo. Es mejor no despertar al niño ya que está profundamente dormido. Si le despertamos, no entenderá nada y estará muy desorientado. Esperemos a que se tranquilice, controlemos que no se hace daño y volvamos a la cama. Que no nos quite el sueño, no se trata de nada grave.

Quédate cerca de mamá y papá

La discusión racional no funciona en un niño porque el cerebro está hablando desde la sofisticada experiencia que ha ido acumulando durante los últimos 200.000 años. ¿Hay un peligro cerca? Pues la respuesta siempre ha sido: Quédate cerca de mamá y papá.

Durante generaciones incontables, los niños dormían y pasaban el tiempo con o muy cerca de los padres. Estos niños sobrevivieron con más frecuencia que los que lo hicieron solos. La alarma «no debo dormir ni estar solo» hizo su misión y protegió a estos de condiciones peligrosas. No importa si la alarma era falsa la mayor parte del tiempo, su instinto les hacía aferrarse a ellos incluso cuando no había peligro real, pues bastó que la situación peligrosa ocurriera solo una vez para que este instinto haya prevalecido y forme parte de la naturaleza de un niño.

DAVID D. O'GRADY,
doctor en Psicología Clínica y Neuropsicología

Los niños que tienen terrores nocturnos los sufren durante una época muy concreta, van menguando con los años y después desaparecen solos al llegar la adolescencia. Eso sí, son especialmente frecuentes entre los cuatro y los doce años.

Cabe destacar que los niños son más propensos que las niñas a padecer estos episodios.

Los adultos debemos restar importancia al hecho. No nos asustemos a pesar de la expresión de pánico de nuestro hijo. Si les hacemos un caso excesivo, dramatizaremos y el niño se alarmará más porque pensará que debe de estar enfermo. Se trata por tanto de tranquilizarlos, no de reforzar su pánico.

Proximidad emocional

La cercanía a los padres no tiene por qué ser exclusivamente física, estando siempre al lado de los niños; se trata más bien de que los críos sientan que sus progenitores están presentes.

La proximidad emocional es aportar seguridad al pequeño con el mensaje de que los padres están allí para cualquier cosa que pueda necesitar, pero no para sobreprotegerlo.

Estar cerca de ellos es procurarles la libertad de descubrir el mundo por sus propios medios, sabiendo que cuentan con unos guías protectores para orientarlos.

SONAMBULISMO

Otra alteración del sueño más espectacular que grave es el sonambulismo. En este caso, lo que tampoco hay que hacer es despertarlos. Simplemente, estar a su lado para que no se golpeen o se hagan daño. Hay que observar lo que hacen evitando que tengan a su alcance objetos o herramientas que puedan resultar peligrosas. Hay que tener un poco de paciencia ya que, al final, el episodio pasa muy rápido.

Debemos evitar que se puedan hacer daño cuando se encuentren en tal situación, pero tampoco tengamos miedo de que se vayan a tirar por el balcón, asesinen a toda la familia... o nos preparen un arroz con bogavante. No es realmente peligroso, no seamos peliculeros. Sobre todo (y para nuestra tranquilidad) hay que tener en cuenta que nunca reproducen una conducta que no hayan hecho previamente.

Algunas veces se pueden dar casos de somniloquia, es decir, que el niño hable en sueños. No nos alarmemos. Dejemos que diga lo que tenga que decir y se tranquilizará. Las cosas que suelen decir normalmente carecen de sentido; son palabras inconexas que no significan absolutamente nada. Así pues, guardemos la grabadora en el cajón; no vale la pena grabar lo que dice. Tendremos que hacerle chantaje más adelante.

De hecho, las conductas de un sonámbulo son ficheros de nuestro cerebro, cosas que ya hemos hecho y que reproducimos de forma inconsciente. Yo tenía una amiga que se levantaba cada noche y ordenaba el armario.

¿Qué es el sonambulismo?

El sonambulismo es la repetición automática de conductas aprendidas durante los períodos de vigilia, durante el sueño. El niño está profundamente dormido cuando sucede el episodio. Tienen lugar después de dormir 3-4 horas o antes, siempre en fase 3-4 de sueño y una sucesión típica de fenómenos podría ser la siguiente: «El niño se levanta de la cama, dormido aunque con los ojos semiabiertos, se dirige hacia el lavabo, se lava las manos y vuelve a la cama». Si se le hacen preguntas simples suele responder con monosílabos, aunque no siempre lo hace porque a menudo no comprende el significado de las palabras. Es muy difícil despertarle porque está profundamente dormido, y si se consigue, le provocaremos una sensación de gran extrañeza e inseguridad ya que no entenderá la situación en que se encuentra y por qué se le despierta.

DR. EDUARD ESTIVILL

Otro caso más preocupante es el sonambulismo agresivo que se da entre adolescentes y adultos. En estos casos, si los episodios se repiten, es mejor que nos pongamos en manos de un especialista, ya que si compartimos cama con alguien que padece este tipo de sonambulismo, puede trastocar un poco la convivencia nocturna.

PESADILLAS

El corazón late con violencia por los pasos
rápidos y ruidosos que nos siguen mientras
atravesamos una calle oscura. Tropezamos y
caemos al suelo a causa de la carrera fantas-
mal y enloquecida de un gato negro. Un ruido extraño se oye en la penumbra nocturna
de nuestra casa. ¿Será una rata? ¿Un fantas-
ma? ¿Un ladrón? ¿Un ser monstruoso?

EDGAR ALLAN POE

Las pesadillas se diferencian de los terrores nocturnos porque
siempre tienen lugar durante la segunda mitad de la noche, en
la fase REM (*Rapid Eye Movement*). Esta es la quinta etapa del
sueño, empieza más o menos noventa minutos después de
habernos dormido y se caracteriza por el movimiento rápido
de nuestros ojos.

Nuestro hijo recordará e incluso será capaz de explicarnos
con todo detalle lo que ha soñado, inquietado y, finalmente,
despertado. Suelen ser pesadillas protagonizadas por personas

que conoce, monstruos que ha visto en la televisión, fieras que quieren atacarle, cualquier situación desagradable o violenta con otros niños o compañeros del colegio.

Es mejor no preguntarle de inmediato por los detalles de la pesadilla. Intentaremos calmarle y darle nuestro cariño (a pesar de que estemos muertos de sueño). Poco a poco se dará cuenta de que está en su casa, en su cama, y recobrará la sensación de seguridad. A medida que se vaya calmando, irá recuperando el sueño hasta quedarse dormido.

Al día siguiente sí que podemos preguntarle por la pesadilla; es otra manera de comunicarnos con nuestro hijo y saber qué es lo que le preocupa. Más de una vez acabaremos riendo con él, ya que muchas de las pesadillas que nos acongojan por la noche no dejan de ser situaciones ridículas a la luz del día.

Generalmente, estos episodios tienen una duración que se limita a unas semanas. Suelen estar ligadas con algún hecho o situación externa que preocupa o angustia a nuestro hijo. En el momento en que se normaliza esta situación de crisis externa, las pesadillas también disminuyen, tanto su intensidad como su frecuencia.

Las pesadillas recurrentes desaparecen paulatinamente a medida que el niño se va acercando a la adolescencia. Más adelante puede que de vez en cuando tenga alguna pesadilla, pero lo mismo nos ocurre a los adultos en ocasiones.

MIEDO A LA OSCURIDAD

Un miedo muy común es la oscuridad en sí. En las páginas 43 y 45 encontraréis un ejemplo de cómo los objetos cotidianos, como una mochila o unos libros, se pueden convertir en monstruos terribles. Todo lo que es el descontrol sobre el espacio provoca en los niños mucha desorientación. Tienen miedo de la oscuridad porque no pueden orientarse. Sin embargo, no existe la oscuridad absoluta; siempre hay un poco de luz, solo hay que mirar un rato hasta que se acostumbran los ojos. Por tanto, hay que transmitirles la idea de que ellos pueden llegar a ver dentro de esa oscuridad.

El niño de los 40 peluches

A mi consulta llegó un niño ya mayor, de doce o trece años, que se moría de miedo cada noche, así que se rodeaba de sus peluches; dormía con más de cuarenta. Cada mañana los tenía que colocar en orden en una estantería, y por la noche, de vuelta a la cama. Era un crío muy obsesivo.

También era muy sensible, marcado en gran medida por la imagen de la madre, una mujer muy presente en su vida y sobreprotectora, pues el padre siempre estaba ausente de la casa (en el trabajo o haciendo deporte).

¿Qué hicimos, entonces? Cada semana eliminábamos un peluche. A él le sabía fatal, pero había un premio como contrapartida, y al final logró dormir sin ellos.

Distinguir la fantasía de la realidad

El proceso de normalización del hecho de acostarse por la noche es muy abstracto, y esto los padres no acaban de verlo. Cuando un niño se va a dormir es como si se terminara el episodio de una historia, y se preguntan cosas como: «Y mañana, ¿estarán mis padres?», «Y mañana, ¿tendré mi habitación?». La noche es una fase que el niño no comprende, por eso es muy importante darle garantías de que nosotros estaremos allí, de que él dormirá muy bien en la habitación y que al día siguiente iremos a tal sitio y haremos tal cosa. Darle garantías con datos, es decir, decirle incluso cosas como: «Mañana por la mañana tu osito desayunará contigo», para que él vaya viendo que hay una continuidad. Porque acostarlo no es solo dejarlo en la cama y tú te vas, sino que es explicarle qué hará mientras duerme y qué hará al día siguiente, porque así el niño tiene ya toda la película montada.

Tienen miedo a los monstruos, fantasmas, alienígenas, robots... Los niños de ahora están metidos en este mundo fantástico, por lo que lo pueden imaginar con mucha facilidad. Hay dibujos animados en los que salen héroes que se enfrentan a todos estos seres monstruosos. Muchos de ellos los ven después de cenar, justo antes de meterse en la cama. Tales personajes son lo primero que va a acudir a su mente en cuanto cierren los ojos. Así, es tremendamente fácil que tengan miedo de que se cuele en su habitación cualquiera de ellos.

Por eso hay que distinguir lo que es fantasía y lo que es realidad.

Miedo a la oscuridad y luces de noche

Referente al miedo a la oscuridad, soy partidaria de dejar solo un punto de luz muy tenue, como referencia. Es además una herramienta útil para no abrirse la cabeza cuando uno debe levantarse de la cama: siempre hay puertas medio abiertas, sillas desplazadas, juguetes con ruedas esparcidos por el suelo preparados para ser pisados...

De todos modos, hay que tener claro que existen muy pocos rincones de la casa donde haya oscuridad absoluta. Esto es lo que yo intento demostrar a los niños. Les hago hacer un ejercicio. Les digo: «Cuando llegue la noche, cierra las puertas y las ventanas, te quedas un rato con los ojos abiertos en la oscuridad y lentamente empezarás a reconocer los muebles de tu habitación». Siempre hay un poco de luz, incluso durante las noches sin luna. Y yo les propongo que lo comprueben.

Es cierto que muchos niños dicen que no quieren dormir

en la oscuridad. Pero, insisto, es que nunca hay oscuridad absoluta.

Un ejercicio práctico

Yo les propongo a los niños que imaginen que nuestro *cerebro es como una máquina*, y que la podemos programar. En la máquina hay un botón de «pensamiento positivo» y otro de «pensamiento negativo». Cuando tienes un pensamiento negativo significa que está apretado el botón de algo malo, entonces nosotros tenemos la fuerza y el poder para conectar la parte positiva y decir: «No quiero pensar esto», y ¡BUM! Fuera. Imaginad dos botones, el verde y el rojo, que los niños identifican con el bien y el mal, y decidid que ahora vais a apretar el botón verde y a pensar en algo bonito. ¿Que se vuelve a desviar el pensamiento? ¡Vaya! Eso es que se ha apretado el rojo, pues toca apretar el verde otra vez.

Este ejercicio suele dar muy buenos resultados. Pensad que los adultos podemos hacer lo mismo: no apretamos el botón, pero estamos teniendo pensamientos negativos y decimos «fuera», ya está. Imaginas que en lugar de ese pensamiento que eliminaste, incorporas un pensamiento positivo.

A los niños les va muy bien que les digamos: «No sabes el poder que tienes dentro de tu cabeza. No sabes para cuántas cosas sirve el cerebro. Puedes apretar un botón y decirle que piense en aquel tobogán del parque».

Eso les empodera para superar cualquier temor.

El miedo en niños y en niñas

No deja de ser enigmático el porqué de una mayor prevalencia de los miedos y de los trastornos de ansiedad en las niñas que en los niños, como también ocurre en la vida adulta. Un hecho de esta naturaleza no puede ser sino resultado de una interacción entre variables biológicas y culturales.

Desde una perspectiva biológica, las respuestas de ansiedad favorecen la supervivencia de la mujer, que está menos dotada físicamente para protegerse de los peligros de la naturaleza y requiere una protección adicional durante el embarazo y la crianza de los hijos. Desde una perspectiva cultural, hay una educación diferencial que actúa tempranamente sobre las niñas induciendo respuestas de miedo ante estímulos desconocidos y considerando la aparición de dichas respuestas de temor como propias de su sexo.

ENRIQUE ECHEBURÚA ODRIOZOLA,
catedrático de Psicología Clínica
en la Facultad de Psicología
de la Universidad del País Vasco

Miedo a la muerte

El miedo a la muerte se inicia con muchos episodios. Por ejemplo, cuando los niños se enteran de que un abuelo o un familiar se ha muerto, empiezan a preguntarse dónde están. Esto genera dudas a los padres, pues no saben si decirles la verdad, si responder con sus propias creencias, o si crear una fantasía para que el niño, con la experiencia, vaya comprobando cómo va.

Ante todo, debemos tener en cuenta la edad y el grado de madurez de los pequeños.

Cuando tenía siete años, Pol Cantavella, hijo de un amigo escritor, al ser informado de la muerte de un familiar, respondió: «Cuando alguien muere, deja de tener miedo». Está claro que no todos los niños cuentan con ese grado de madurez, por lo que debemos ir con cuidado con lo que les decimos al respecto.

Hasta más o menos los seis años, ellos perciben la muerte como una ausencia momentánea. No se trata de algo definitivo.

Hay que decirles que se van al cielo, ¿por qué no?, aunque los padres seamos unos ateos convencidos. Ciertamente es lo más bonito y les encanta, conforma una imagen agradable para ellos. Y, sobre todo, explicarles que, cuando un cuerpo está enfermo, el cuerpo se muere. Sin embargo, todos los recuerdos, las fotografías, la historia, la voz..., se quedan con nosotros. Tan solo desaparece el cuerpo. El hecho de enfrentarse a la muerte es duro incluso para los adultos. Tenemos que ir despacio con los niños, no tienen por qué encontrarse con la realidad del final de la vida de una forma abrupta. Les puede ocasionar daños y traumas importantes que podemos evitar con un poco de poesía.

Es cierto que esta fantasía es válida durante un tiempo. Viven con ella de la misma manera que viven lo de los Reyes Magos, Papá Noel o el Ratoncito Pérez. Poco a poco van descubriendo ellos mismos que les hemos engañado de una forma piadosa. A medida que van creciendo, normalmente entre los seis y los once años de edad, van reuniendo datos. Entienden que la muerte no es algo pasajero y esto les produce desasosiego y preguntas que les aterran. A partir de este momento ya no hay que restarle importancia al tema, y si es preciso abordar la cuestión, va siendo hora de que nos vayamos planteando respuestas.

A partir de los once años, si vuelven a surgir las preguntas, de ninguna manera debemos eludir la conversación. Ya no hay que engañarlos con ninguna respuesta complaciente. Se les puede explicar que hay personas que creen que después de la muerte no pasa nada más; otros, que esa persona se transforma —la reencarnación— en otro ser vivo, etc. Existen culturas en las que la muerte no es más que la antesala de otra manera de seguir existiendo (eso es un consuelo incluso para personas adultas con problemas existenciales). Es aconsejable explicarles algunas alternativas para que no tengan una visión única, pues ¿qué derecho tenemos a imponerles nuestra propia opinión, cuando tienen derecho a escoger? Después de todo, como no hemos muerto nunca, no sabemos a ciencia cierta qué es lo que pasa después. Si lo supiéramos, nos lo podríamos explicar los unos a los otros.

Damià tuvo una reacción muy divertida en una casa muy antigua que tenemos en la Costa Brava. En una pared de esta casa hay fotos colgadas de nuestros antepasados, imágenes en blanco y negro un poco tétricas. Un día preguntó: «¿Y todos estos quiénes son?». Yo le expliqué que eran mis abuelos y sus bisabuelos; entonces me preguntó que dónde estaban ahora, a lo que yo respondí que en el cielo. Y él, que tenía unos cinco años, dijo: «Ah, pero ¿saben volar?». Y claro, yo le dije que no lo sabía, pero que allí estaban.

Esta alternativa, para salir momentáneamente del paso, no es traumática. Y después, poco a poco, les puedes ir explicando cosas sobre la muerte. Pero a un niño que no tiene todavía uso de razón no le puedes concretar todavía un hecho que es natural. No se lo puedes explicar.

En todo caso, le puedes comentar que si matas una hormiga, esa hormiga ya no estará más ahí. Pero un ser humano con el que ha vivido, con el que ha acumulado tantas experiencias, no le puedes decir que ya no va a estar más.

La muerte no es otra cosa que un proceso más de la vida, forma parte del ciclo natural de todos los seres vivos. Si nos pregunta el niño (o nos preguntamos nosotros mismos): «¿Por qué existe la muerte?», podemos responder que existe para darle sentido a la vida.

Miedo a la muerte de los padres

Antes hemos hablado del miedo a la muerte en general. Hay casos en que el niño apenas se preocupa de la muerte en sí, pero se pregunta por la muerte de sus padres, lo cual les aterroriza.

Hay niños que vienen con su madre, por ejemplo, y yo les pregunto: «¿Y papá dónde está?», a lo que me responden que en el trabajo, y yo les provoco un poco: «¿Estás seguro de que está en el trabajo, que no está en el cielo?». Ellos insisten que está en el trabajo. Entonces les digo que, como ellos saben que está en el trabajo, piensan en él y se lo imaginan en la silla de su despacho pensando en ellos, y esta es una manera de tener la presencia, aunque la persona no esté físicamente.

Cualquier niño que tiene miedo a la muerte de sus padres es porque es consciente de lo que representa este hecho. Eso suele pasar a partir de los cinco años. Se dan cuenta de que la muerte puede ocurrir en cualquier momento y les causa pavor.

¿Cómo tratar un tema tan delicado?

Cuando son muy pequeños siempre es mejor añadir un poco de fantasía: «Las personas que mueren se van al cielo» o «a un lugar que no conocemos, porque como no nos hemos muerto no podemos saberlo». De este modo, ellos ya llegarán lentamente a ese conocimiento. Y cuando son un poco mayores, te hacen tantísimas preguntas que ya puedes ir añadiendo información.

Lo bueno es que el niño sepa que las cosas que experimentó y aprendió con la persona que se ha ido, se quedan con él. Que en cierta manera sigue viva.

Hay una etapa que Jean Piaget denominó la «Permanencia del objeto» y que explicaba muy bien. Cuando un niño pequeño ve caer un objeto, cree que este ha desaparecido y que ya no existe. A los dos años, en cambio, saben perfectamente que ha caído al suelo (debajo de un mueble, por ejemplo), y se agachan y lo encuentran. Pues esto mismo ocurre mucho con el concepto de la muerte; tú les dices que esa persona se ha ido, pero sabemos que está en algún lugar, que su esencia existe en algún lugar.

Con un niño no puedes discutir filosofías, pero sí darle a la explicación un sentido más positivo, no tan trágico.

Miedo a la aniquilación

Mis observaciones analíticas muestran que hay en el inconsciente un temor a la aniquilación de la vida. Pienso también que si suponemos la existencia de un instinto de muerte, también debemos suponer que en las capas más profundas de la mente hay una reacción a este instinto en la forma de temor a la aniquilación de la vida. Así, a mi entender, el peligro que surge del trabajo interno del instinto de muerte es la primera causa de ansiedad. Como la lucha entre los instintos de vida y muerte persiste a lo largo de la vida, esta fuente de ansiedad nunca se elimina e interviene como factor constante en todas las situaciones de ansiedad. Mi opinión de que la ansiedad se origina en el temor a la aniquilación deriva de la experiencia reunida en análisis de niños pequeños. Cuando en estos análisis se reviven y repiten las primeras situaciones de ansiedad del bebé, el poder inherente a un instinto en última instancia dirigido contra el yo puede ser detectado con tal fuerza que su existencia aparece más allá de toda duda. Esto sigue siendo cierto incluso cuando consideramos también el papel que juega la frustración, interna y externa, en las vicisitudes de los impulsos destructivos. No es este el lugar para una prueba detallada que sustente mi argumentación, pero citaré a modo de ilustración un caso mencionado en *El psicoanálisis de niños*. Un niño de cinco años solía imaginarse que tenía toda clase de animales salvajes, tales como elefantes, leopardos, hienas y lobos, que lo ayudaban contra sus enemigos. Representaban objetos peligrosos —perseguidores— que había domesticado y podía usar como protección contra sus enemigos. Pero surgió en el análisis que representaban también su propio sadismo: cada animal representaba una fuente específica de sadismo versus los órganos utilizados en conexión con esto. Los elefantes simbolizaban su sadismo muscular, sus impulsos a atropellar y patear. Los leopardos que desgarran, representaban sus dientes y uñas y las funciones de estos en los ataques que él hacía. Los lobos simbolizaban sus excrementos investidos con propiedades destructivas. A veces se asustaba mucho pensando que los animales salvajes que había domesticado podrían volverse contra él y exterminarlo. Este temor expresaba su sensación de estar amenazado por su propia destructividad (tanto como por perseguidores internos). El análisis de las ansiedades que surgen en los niños pequeños nos enseña mucho sobre las formas en que el miedo a la muerte existe en el inconsciente, es decir, sobre el papel que juega este miedo en diversas situaciones de ansiedad.

MELANIE KLEIN, psicoanalista

MIEDO A NADAR

Este es otro de los miedos más comunes. Hay situaciones en las que se sienten extraños, a las que su cuerpo todavía no se ha adaptado, y por lo tanto les cuesta afrontarlas. El miedo al agua puede durarles muchos años dado que es un medio muy distinto a caminar o tocar el suelo.

La mayoría de los animales, aunque no sean acuáticos, tienen la capacidad de desplazarse sin problemas en el agua. El ser humano no, necesita aprender a nadar. Este aprendizaje puede resultar muy duro, especialmente si el monitor es de la vieja escuela y enseña a sus pequeños alumnos sin ningún tacto.

El miedo al agua, aunque más bien es una fobia, no se da con una frecuencia muy alta. No deja de ser otra manera de manifestarse el «miedo a lo desconocido». El niño, ante la grandeza del mar, puede preguntarse: «¿Ahí, en el fondo del agua, viven tiburones, barracudas, ballenas, cachalotes y todo tipo de monstruos marinos? Yo no me meto en el agua ni loco». En un río, lago o pantano también puede pensar que hay pirañas, y en una piscina, a saber... Ese miedo a lo que pueda existir bajo las aguas puede tener una parte tan irracional como el miedo a la oscuridad. No es su medio habitual y asusta. Aun así, jamás hay que perderle el respeto a las aguas profundas, no en vano cada año tenemos que lamentar la muerte de bañistas, sean niños o adultos.

Está bien que un niño sepa que hay que ir con cuidado en el agua y que debe tomar precauciones. Si el pequeño tiene miedo, es necesario que estemos con él en el agua para tranquilizarlo y que se sienta seguro. Jamás debemos arrojarlo al agua y que se enfrente él solo al hecho de aprender a nadar. Normalmente en los colegios ofrecen cursos con profesionales para que aprendan a nadar con normalidad.

Si nos encargamos nosotros mismos de su iniciación, hay que hacerlo de manera progresiva y permanecer siempre a su lado. Al principio es preferible, si notamos que se atemoriza, que ponga tan solo los pies en el agua; hay que ir despacio y no obligarle a sumergir más partes de su cuerpo mientras no se atreva.

Utilicemos flotadores, chalecos o manguitos, ya que aparte de aportarles sensación de protección y confianza, son realmente herramientas de seguridad. Imaginaos el caso de que nos despistemos por culpa de una distracción o alguna llamada importante al móvil. Un niño se puede ahogar en un instante.

Los juegos de agua son una buena manera de iniciarlos en este medio, ya que se acostumbran al líquido elemento y empiezan a disfrutar de la sensación de refrescarse. Tarde o temprano sentirán la curiosidad de saber lo que es pegarse una zambullida de cuerpo entero.

Diferente es si existe un trauma relacionado con el agua. Si ha estado a punto de ahogarse alguna vez, si hay un familiar desaparecido en el mar o muerto en alguna piscina, es lógico que sienta fobia al medio acuático. En tal caso, si vemos que el miedo no desaparece poco a poco, es mejor llevar al niño a la consulta de un profesional.

Por si acaso, deberíamos empezar desde que es un bebé. A la hora de bañarlo, nunca hay que dirigir el chorro de agua directamente a la cara o al cuerpo. Hay que utilizar la esponja y hacerlo de manera tranquila, que el niño se relaje y disfrute del baño. Bajo ningún concepto hay que gastarle una broma relacionada con el agua, podría asustarse y quedarle grabada esa horrible sensación en su mente. Utilicemos el agua para el bebé con la temperatura adecuada, ni demasiado fría ni que la bañera le escalde al baño María.

Dibujar los miedos

La situación ideal para superar un miedo infantil tiene que estar enmarcada por los padres y una situación de calma por parte de ellos. Cualquier cosa que altere ese escenario, un ruido fuerte o una persona extraña, puede aumentar ese miedo. Burlarse o explicarle al niño que tener ese miedo es absurdo no sirve de nada y además es contraproducente. Mantener la calma y establecer una rutina predecible reduciendo al mínimo el número de cuidadores, creando así una fuerte unión con su hijo a través del tacto, del habla y del contacto ocular, genera una base de confianza que ayudará, además de funcionar como antídoto para la ansiedad en el futuro.

Los niños más pequeños pueden dibujar sus miedos literalmente. Una de las maneras es pidiéndoles que hagan dos dibujos: uno con una imagen de sí mismos en situación de miedo, con un globo donde ponga lo que piensan de sí mismos y cuál es su temor; se llama el «globo de la preocupación» y le dice lo que piensan sobre sí mismos. Luego se les pide que dibujen una segunda imagen de sí mismos en la misma situación, pero con un «globo inteligente» que tiene pensamientos más tranquilos y realistas.

Un niño que tiene miedo al rechazo de un profesor podría decir: «El maestro me enviará al director si olvido mi tarea». Pero en el «globo inteligente» podría decir: «Mi amigo se olvidó de su tarea y el maestro solo le pidió que la hiciera en clase». Esta técnica ayuda a los niños a hacer relaciones y conexiones entre cómo se sienten cuando ellos mismos están explicando estas dos historias muy diferentes.

• No trate de disuadir a su hijo de su temor mediante el habla.

• Mantenga la calma, el tono utilizado es igual o más importante que las palabras.

• Es importante hacer sentir cómodo al niño que siente miedo y no obligarle a afrontar ese temor si no se ve capaz, aunque tampoco hay que hacer caso omiso de su preocupación pues la evitación completa no es una respuesta para la ansiedad.

• Poner en práctica pequeños ejercicios para afrontar esos miedos, como, por ejemplo, dibujos, juegos o lecturas.

• Dé pequeñas recompensas cuando el niño haga un esfuerzo para afrontar su miedo.

Tamar E. Chansky,
psicólogo, fundador y director del
Children's and Adult Center for OCD and Anxiety

MIEDO A LA SEPARACIÓN DE LOS PADRES

Los niños tienen miedo a la separación de los padres porque a menudo la ven venir. Hay muchos hijos que ven discutir a los padres y les dicen: «No os separaréis, ¿verdad?». Ya lo manifiestan como un temor.

Niños raptados por el padre: un caso extremo

Una pareja con dos niños, ella es de Barcelona y el padre de Burgos. Vivían en la Ciudad Condal, pero por un trabajo que le salió a él, todos se trasladaron a Burgos. La relación se deterioró de tal modo que se separaron. Acordaron que ella regresara con los niños y que él se quedara en Burgos. Y pactaron que cada quince días los niños viajaran hasta allí para estar con su padre, en lugar de trasladarse él, lo cual habría sido mucho más fácil porque los niños eran muy pequeños (cuatro y dos años) y debían viajar acompañados por un familiar.

Una de las veces que estaban con su padre, este se los quedó y no quería devolverlos. Se marchó de la ciudad y no dio pistas de dónde estaban; la madre estaba desesperada porque no respondía al teléfono ni nadie sabía nada. Los niños estuvieron tres meses retenidos hasta que intervino la policía con una orden de busca y captura, una orden de alejamiento, etc.

Los adultos sufrieron un calvario impresionante, pero imaginemos la situación de los niños, el miedo que pasaron... No podían hablar con su madre. Cada vez que pedían hablar con ella, el padre respondía con mucha agresividad... De manera que, cuando regresaron, los críos estaban todo el día colgados de la madre, como si fueran koalas; la mujer no podía ni ir al baño.

¿Cómo tuve que abordar el tema?

De estar todo el día enganchados a su madre, ahora son capaces de tener cierta distancia física, tienen su propia silla con su nombre pintado, la cama decorada a su gusto... Todos los espacios bien delimitados para que ellos disfruten de lo que tienen. La madre ha arreglado las habitaciones y las ha dejado supermolonas.

Cuando llega el momento de irse a dormir, la madre les cuenta un cuento, les dan las buenas noches a sus peluches, la madre se va a la habitación de al lado y desde allí les dice: «¡Buenas noches, niños! Hasta mañana», «Mañana iremos a tal y haremos cuál...». Y, lentamente, han conseguido ser autónomos, aunque algunas veces el más pequeño (ahora ya tienen cinco y tres años) llama a su madre. Entonces ella va, pero vuelve a su cama, porque antes, para no tener que levantarse tantas veces, se lo ponía encima.

Desafortunadamente, el trauma por haber sido maltratados es un caso aparte. Puede que no se borre con el tiempo. Es más que posible que sea un recuerdo que quede enquistado y habrá que ir tratándolo regularmente.

Ahora el concepto que los pequeños tienen de su padre es el de una figura que les da miedo. Además, él no ha perdido la custodia. Cada quince días, ahora es él quien viaja a Barcelona, se queda en un hotel, y allí se reúne con sus hijos.

Entre los padres llegó a establecerse una relación muy difícil, de gritarse continuamente. Ella está haciendo terapia y lo va superando; ha cambiado mucho, pero él sigue ahí atrapado.

La madre ha entendido muy bien su rol, es decir, protegerlos para que no tengan miedo, pero manteniendo la distancia para que sean independientes. Recurre a juegos para que los niños descubran las ventajas de tener sus propias cosas, de cuidarlas, de tener autonomía y su propio espacio.

Sin embargo, este miedo, como es frecuente y lo han vivido con niños de la misma clase, y muchos profesores hablan de ello, no es traumático, aunque sí es algo que les molesta, que les sabe mal.

Las discusiones y los niños

Es normal que haya discusiones entre las parejas, pero algunas no se dan cuenta de que discuten delante de sus hijos y que eso les supone una fuente de problemas. Los críos pueden relacionar las discusiones con lo que han hablado con otros compañeros de clase y, a continuación, extraer sus propias conclusiones. Además, durante las discusiones levantamos la voz o nos faltamos al respeto, entonces la sensación de posible divorcio se dispara en la imaginación del niño. Hay que evitar ofrecer espectáculos tan lamentables a nuestro hijo. No aportan nada.

Si hay que limar asperezas, es mejor esperar a que el niño esté bien dormido, cerrar las puertas que sean necesarias y hablar de lo que sea con tranquilidad. Hablando se entiende la gente... y las parejas también.

Si en una pareja las discusiones ya son directamente violentas y se llega a las manos, entonces el que sufre las agresiones deberá ponerse en contacto con la policía. En ese caso estamos hablando de violencia de género.

Trastorno de ansiedad por separación de los padres

La ansiedad por separación del niño en relación con los padres es un miedo parecido al de la separación entre los padres.

El hijo sufre auténticas crisis de ansiedad cuando tiene que separarse de papá y mamá. Siente miedo cuando sus padres salen de casa por los motivos que sean: un viaje, si han tenido que ir de compras y tardan más de lo acostumbrado, visitas a amigos, si han ido al cine o al teatro...

Se preocupa de que les haya ocurrido un percance o, peor aún, un accidente. Evidentemente, este miedo es excesivo, y en estos casos el niño intenta no separarse de sus progenitores: no soporta permanecer solo en casa y pone pegas para dormir fuera, ya sea en casa de los abuelos o incluso en casa de otros amigos. Puede llegar a ser un inconveniente, ya que se resistirá a ir de colonias con los compañeros de la escuela, disfrutar de cumpleaños de amigos en sus casas..., y perjudicar seriamente su rendimiento escolar, ya que se perderá en actividades grupales adecuadas para su desarrollo intelectual. También puede afectar a su sociabilidad y hacer de él una persona totalmente dependiente de los padres.

Semejante panorama puede agobiarles por tener siempre al niño pegado a sus faldas.

Este trastorno suele afectar más a las niñas que a los niños de aproximadamente nueve años de edad.

Deberemos estar alerta si vemos que nuestro hijo sufre un exceso de ansiedad ante una separación inminente de nosotros, ya sea porque debemos irnos de viaje o a él le toca irse de colonias o excursión.

También deberemos alarmarnos si detectamos que se preocupa demasiado a menudo por nuestra propia seguridad y nos comenta con frecuencia su miedo a que suframos un percance o accidente. No es normal tampoco que quiera evitar quedarse solo en casa o ir a la escuela, que se queje de dolor de cabeza o mareos ante cualquier posible separación del padre o de la madre.

La sobreprotección

Una de las maneras de prevenir este trastorno es evitando ser excesivamente protectores.

Un niño sobreprotegido está muy expuesto al miedo.

Los padres que hacen del niño una florecilla silvestre pueden acabar dañándolo en lugar de protegerlo: «No toques esto que te puedes quemar», «No toques aquello que te puedes pinchar»... Estos niños, en cuanto ven el fuego, una aguja o un perro que ladra, corren el riesgo de desarrollar una fobia, con lo que estamos atrofiando su autonomía. Hay que vigilar, pero en ningún caso estar siempre atemorizados de que nuestro niño se convierta en una antorcha humana por el simple hecho de entrar en la cocina.

De la misma manera, el exceso de pulcritud puede crear alergias. El exceso de protección acabará afectando la independencia del niño. Él se sentirá desprotegido porque verá amenazas por todas partes, incluso en su propia casa y su habitación. Creerá que al estar separado de sus padres estará expuesto a todos los peligros de los que intentan siempre protegerle. Así pues, estaremos criando a una persona tremendamente vulnerable, que tendrá graves problemas para hacer amigos, desarrollarse académicamente y, en consecuencia, acceder al mundo laboral de una manera espontánea y natural.

Todos conocemos casos de adultos que no han podido o no han querido cortar el cordón umbilical, y han mantenido la convivencia con los padres en la edad adulta, perdiendo por ello espacio personal.

¿Es eso lo que deseamos para nuestro hijo? Imagino que no, pero dependerá de nosotros que lo evitemos.

Tres temores básicos

Los tres tipos de temores más firmemente establecidos en la especie humana son:

a) El miedo a los animales, reminiscencia del temor evolutivo a los depredadores.

b) El miedo a los daños físicos, vestigio atávico del temor a los peligros que se pueden encontrar en la naturaleza.

c) El miedo a la separación, que actúa en consonancia con los anteriores y que permite retener a los niños pequeños cerca de sus madres protegiéndolos del entorno peligroso.

ENRIQUE ECHEBURÚA ODRIOZOLA,
catedrático de Psicología Clínica
en la Facultad de Psicología
de la Universidad del País Vasco

CAMBIO DE ROL: MIEDO POR FALTA DE SEGURIDAD PARENTAL

Existen muchos casos de hijos hipersensibles que hacen el papel de madre o de padre. Suelen decir cosas como: «Mamá, no te olvides el bolso», «Cuidado cuando cruces la calle, que pasan coches y vas muy despistada».

Traté el caso de una mujer que, cada vez que tiene que irse de viaje (por ejemplo, una semana a Londres por temas de trabajo), su hija menor sufre crisis de ansiedad, llora y tiene miedo de que le ocurra algo a su madre. Esa parte de su trabajo se ha convertido en un drama. Esta situación significa que la madre, transmitiéndole sus miedos, le da poca seguridad.

Es una mujer muy delicada, muy influenciable, está siempre al servicio de las hijas (tiene tres), y en el momento en que se va a trabajar o pasa todo un día fuera de casa, la niña se imagina que tendrá algún accidente.

Estamos ante un cambio de rol: la madre es demasiado débil, así que la niña hace de madre. En este caso, primero hay que tratar a la madre.

Ante todo es preciso crear un guión con las pautas de las que se quiera liberar. Hay que decir asimismo que el padre es un hombre muy paternalista, que se pasa el día censurando a su esposa, y las niñas han adoptado también un poco este rol. De manera que la madre es la niña pequeña.

Vayamos con cuidado, ya que este no es un caso aislado.

Cuando esta conducta lleva años ocurriendo, la madre necesita ayuda para transformar este rol. Ella puede ir modificando estas pautas. Si las niñas le dicen: «Vigila cuando cruces la calle...», ella no debe hacerles ni caso. O, como mucho, hacer una broma.

Es decir, las niñas deben ver que la madre pasa de estos comentarios, porque al final ellas comprobarán que no surten ningún efecto y abandonarán dicha actitud.

Y, por otro lado, la madre ha de tomar conciencia de que se encuentra en un nivel más básico que sus hijas y asumir su verdadero rol, a menos que le haga gracia ser una niña más.

No ha de alimentar la sobreprotección que muestran las niñas con ella, y sí endurecer las pautas, marcar los límites. Porque si no lo hace, las crías se sienten inseguras.

Aquí el padre también tiene un papel importante. Ha de evitar las etiquetas y ciertos comportamientos. Si, por ejemplo, él dice: «Mira que eres despistada», las niñas se preocuparán y le recordarán a la madre que no se olvide el bolso y que mire al cruzar la calle.

Partiendo de la base, todo lo que sean comportamientos son modificables. Se necesitará más tiempo e intensidad, pero todo se puede transformar.

La madre ha de darse cuenta de que lo que hace no es bueno para las niñas porque no les da seguridad.

¿Cómo puede reaccionar la madre ante una crisis de una niña que dice tener miedo de que sufra un accidente de avión? En tal caso es mejor que la deje llorando y cambie de tema: «Mira, cuando llegue a Londres iré a comprarte unas piruletas que hay allí superchulas...», y cuando la niña haya cambiado de actitud, debe seguir animándola: «Ya verás qué bien lo pasaremos cuando vuelva...». Desviar el tema es la mejor manera de quitarle importancia.

Los miedos se copian

Los padres deben intentar no transmitir sus miedos al niño, porque los miedos se copian. Otras veces los niños aprenden los miedos porque se los contamos. Les damos demasiadas advertencias del tipo: «No hagas esto que es muy peligroso», lo que hace que los pequeños vayan teniendo la idea de que viven en un mundo hostil lleno de peligros, donde lo mejor es no salir mucho al exterior. Es decir, si usted quiere un hijo miedoso y vulnerable, protéjale, resuelva sus problemas, dele ejemplos de cobardía... En las familias se aprende el modo de enfrentarse a los problemas, que es un componente muy importante de la valentía. La valentía en realidad significa: «Me molestan los problemas como a todo el mundo, pero procuro enfrentarme a ellos». En cambio las conductas de evitación favorecen el miedo. Y muchos niños aprenden las conductas de evitación en sus familias.

Lo primero es no quitarle importancia. Da igual que sea miedo o que viene lloroso porque no le han invitado al cumpleaños de su amiguito. No son cosas de niños. Para el niño en ese momento es muy importante porque está ocupando toda su conciencia. Es muy conveniente que las primeras palabras que aprenda el pequeño (a los dos o tres años) sean palabras que tengan que ver con los sentimientos, tanto de tristeza como de alegría. En el momento en que puede hablar de ellos, verbalizarlos, comunicarlos..., también conseguirá tranquilizarse. Hay que tener en cuenta que el niño se asusta cuando no sabe qué le pasa. Sí, definitivamente debemos hablarles y conviene mucho que ellos hablen también de sus miedos. Los padres tienen que tener paciencia para escucharles cuando hablan de esto o de cualquier sentimiento que les perturba. Es importante también que sean conscientes de que cuando tienen la primera noticia de los miedos de su hijo, no es el momento de dar consejos, sino de acogerlo y confortarlo. Cuando esté calmado, podremos hablar de ello. Convendría entonces preguntarle qué solución se le ocurre a él. Los niños tienen ideas estupendas. Además, esta es la forma de enseñarle a afrontar los problemas.

JOSÉ ANTONIO MARINA,
entrevista para *ABC*,
14 de abril de 2014

MIEDO A LOS LADRONES

Uno de los miedos más corrientes en los niños, sobre todo en los que ya tienen más de siete u ocho años, es que se cuele en casa un ladrón. De manera que aquí entran en juego la ventana y la puerta. El niño ha de tener la seguridad de que la casa es impenetrable. Hay que explicarle que nuestro hogar es un bastión inexpugnable, que es literalmente imposible que ningún desvalijador pueda penetrar en él. Está bien que le expliquemos que tenemos un sistema de seguridad digno de una película norteamericana. Mostrémosle la cerradura de la puerta, exageremos la seguridad que tenemos.

Ahora imaginemos que yo soy una niña y os cuento que han entrado a robar en casa de los vecinos y que tengo miedo a que esos mismos ladrones vuelvan, entren en la mía y nos hagan daño. ¿Qué deberíais responderme? Una buena respuesta (según la edad que tuviera) sería que los ladrones entraron en casa de los vecinos porque se habían enterado de que escondían un gran tesoro; en cambio nosotros no tenemos ningún tesoro que pueda resultar interesante para cualquier ladrón. No hay nada que interese a un desvalijador.

Yo siempre digo a los niños que los ladrones son personas que saben perfectamente adónde van, y siempre van a sitios donde saben que hay algo de mucho valor escondido, así que prueban a ver si lo consiguen, y siempre entran cuando no hay nadie en casa. Por ello, en una casa habitada no entrarían nunca, serían muy tontos, porque los ladrones tienen más miedo que los que están en la casa. Los ladrones están asustados cuando van a robar porque no saben si les van a ver o les van a pillar.

Habrá que andar con cuidado si vemos los telediarios con el niño. Evitemos que escuche noticias en las que se habla de atracos, allanamientos de morada o de bandas que se dedican a robar en casas particulares. Si vieran una sola noticia de este tipo, todos nuestros argumentos anteriores acabarían directamente en el contenedor de basura orgánica (ante todo, seamos ecológicos).

Controlemos también, en la medida que nos sea posible, que vean películas policíacas. Es cierto que siempre podremos decirle que las películas son historias ficticias, sin embargo es posible que según qué escenas de gángsteres puedan quedárseles grabadas y afectarles en su miedo a que un ladrón entre en su habitación y le haga daño.

Miedo sin saber de qué

Hay ocasiones en que las respuestas de ansiedad no desempeñan una función adaptativa, se disparan de forma totalmente descontrolada y son causa de sufrimiento para los niños que las experimentan. Surgen, en estas circunstancias, como un «miedo sin saber de qué».

En el caso de los trastornos de ansiedad, las respuestas de temor funcionan como un dispositivo antirrobo defectuoso, que se activa y previene de un peligro inexistente. No siempre es fácil controlar los aspectos perjudiciales de las respuestas de miedo sin perder al mismo tiempo sus beneficios protectores. Los animales tienen cerebros más pequeños que el ser humano, cuentan con una menor capacidad cognitiva (de anticipación de consecuencias negativas, por ejemplo) y, por ello, solo presentan signos de ansiedad cuando tienen una causa inmediata de temor. La posibilidad de experimentar respuestas de ansiedad al revivir recuerdos desagradables, imaginar situaciones amenazantes o pensar con temor en el presente o en el futuro, es exclusiva de la especie humana. La memoria actúa en el niño como un amplificador del miedo: los pensamientos y recuerdos acentúan los miedos aprendidos. El temor a un estímulo persiste y se transforma posteriormente en fobia solo si se evitan de forma reiterada las situaciones temidas. A su vez, la observación de unos padres atemorizados explica la transmisión social del miedo, que puede ser la principal fuente de adquisición del mismo. Unos padres miedosos pueden, además, impedir a sus hijos la exploración activa del entorno y privarles de este modo de la oportunidad de eliminar los temores por la experiencia. En resumen, las influencias interactivas del aprendizaje y de la biología pueden hacer más rápida la adquisición del miedo en unas personas que en otras, así como retrasar la desaparición normal de los miedos comunes que se produce con la experiencia. Solo así los miedos se convierten en fobias.

ENRIQUE ECHEBURÚA ODRIOZOLA,
catedrático de Psicología Clínica
en la Facultad de Psicología
de la Universidad del País Vasco

MIEDO A LOS ANIMALES
Y A LOS MONSTRUOS

Muchos niños tienen miedo a algunos animales y a los ruidos que hacen estos. Pero todo está muy relacionado con la fantasía, porque si han visto una película en la que hay un personaje con una cara muy de dragón, por ejemplo, y que gruñe, luego pueden tener miedo. Pero yo considero que esto ocurre más por cosas que han escuchado.

A muchos niños les preguntas desde cuándo tienen miedo y te dicen que desde el día en que vieron una película. Y ese día se instala el miedo y el niño lo generaliza a muchos otros ámbitos. Una manera de eliminarlo sería ir al momento en que empezó a tener miedo y racionalizarlo diciéndole que los lobos viven a centenares de kilómetros de aquí, que en la zona donde vivimos ya se han extinguido, que los pobres animales tienen miedo de las personas, que solo cazan animalillos del bosque, que nunca entran en una casa, que el cuento de *La Caperucita Roja* es una patraña...

Es posible que tengan un trauma a causa de un perrazo que les atacó o simplemente les ladró. En tal caso, hay que recordarles que estaremos a su lado y que la mayoría de los perros no atacan a los niños; al contrario, los protegen. Podemos contactar con algún amigo que tenga un animal —sobre todo que no sea agresivo—, o llevarles a una tienda de animales que tengan cachorrillos y que toquen con sus propias manos un perrito inofensivo o incluso cariñoso. De esta manera verán que, normalmente, los animales domésticos no encierran ningún peligro.

Los monstruos de película

Hay miedos totalmente irracionales (a monstruos de películas, a extraterrestres, brujas...) que son producto de la imaginación. Yo siempre les digo: «Cuando estás en el cine o en casa viendo algo, el miedo lo centras en la pantalla; entonces, vuelve la cabeza y mira por la ventana, a la persona que hay junto a ti, etc. Entonces el miedo desaparece, porque ya no estás viendo eso». Por lo tanto, les sugiero que cuando vean algo que les da miedo, se vuelvan y miren la cara de la gente que les rodea, y comprobarán que ya no tienen miedo porque verán a la gente riendo y hablando entre ellos. Y así se les va el miedo.

También podemos explicarles que, cuando se hace una película de terror, hay más de doscientas personas con cámaras y focos que están filmándolo todo, y esas personas lo hacen de broma, están disfrazando a una persona como si fuera un monstruo, es todo falso, es ficción. Incluso podemos explicarles cómo se hace y buscar fotografías del actor que ha encarnado al monstruito. Verán que se trata de una persona normal y es posible que de este modo los niños pierdan ese miedo.

Otra cosa que podemos hacer es salir del espacio donde se ha producido el miedo, cambiar de entorno.

Hay niños a los que les ha ayudado el hecho de que sus padres les regalaran un «peluche guardián», que puede ser un policía, un perro, un guerrero..., cualquier cosa que les inspire seguridad.

Si el niño nos pide que busquemos al monstruo, tengamos un poco de dignidad y no lo hagamos: aparte de sentirnos como unos memos durante la búsqueda del monstruito, sabemos perfectamente que no hay nada que buscar. En cambio sí que podemos acompañar al niño para que busque él mismo, que abra los armarios que haga falta, y entremos en todas las habitaciones que él quiera inspeccionar. Si lo hace él mismo se convencerá de que en casa no hay nada monstruoso.

No le quitemos importancia, no hagamos que la criatura se sienta ridícula por sus miedos. Seguirá padeciéndolos y, encima, añadirá otro trauma que erosionará su autoestima. Es mejor que escuchemos pacientemente y que incluso reconozcamos que, cuando éramos pequeños, también sufrimos terror por causa de los monstruos, aunque fueran en blanco y negro. Si les contamos los miedos que teníamos, mereceremos su confianza, e incluso se reirán de los monstruos que nos habían atemorizado hace tantos años y, muy posiblemente, se reirán también de sus propios espectros, en color y 3D.

Los miedos suelen desaparecer por sí mismos

En la mayoría de las ocasiones los miedos desaparecen por sí mismos. A medida que el niño va madurando y progresando en sus aprendizajes, va tomando conciencia de que algunas cosas no son reales ni posibles, va adquiriendo seguridad y autocontrol. En este proceso, el ambiente educativo en el que el niño se desenvuelve es fundamental, y las pautas educativas que se utilicen en presencia de los miedos van a acelerar su superación o, por el contrario, a entorpecerla. Cuando estas pautas son disfuncionales, pueden hacer que los miedos se conviertan en un problema, o en un trastorno.

MELANIE KLEIN,
psicoanalista

Miedo al médico

Hemos hablado ya de muchos miedos. También deberíamos comentar el miedo al médico, a las agujas, a la bata blanca, a la camilla, al estetoscopio (que, a pesar de ser inofensivo, les da angustia), a la paleta que les abre la boca... Todas estas cosas les provocan inseguridad, porque no saben si después puede pasar algo más. De hecho, hay muchos adultos que tienen alergia a todo ello...

Hay que preguntarse lo siguiente: ¿qué han de hacer los padres en estos casos?

Primero, deben preparar a sus hijos: «Hoy iremos a un sitio donde mirarán si has crecido mucho, si tienes los músculos fuertes, si tienes los dientes bien colocados, si tus ojos ven bien...». Explicarles que todo es para su bienestar. También que el médico es una persona que sabe mucho de niños y que cada día ve a muchos, y que los niños que son muy fuertes y valientes van allí muy contentos. Es decir, prepararlos mentalmente.

Y siempre deben proponer algo para después: «Y si te portas muy bien, cuando salgamos iremos al parque», o «Me acompañarás al súper a comprar no-sé-qué». Prepararlos para el antes y el después de la visita. Naturalmente, todos sabemos qué es lo que les gusta a nuestros hijos. Por lo tanto, hay que crear expectativas positivas, que el hecho de ir al médico no sea algo amenazador, sino al contrario. Sabrán que después les espera un premio especial por haberse portado de manera valiente.

Acudir a los padres

Si tiene la opción de escoger, un niño asustado siempre elegirá la comodidad de un padre en lugar de depender de sus propios recursos. Reconfortarse uno mismo es una habilidad que se aprende a través de la experiencia, no de la racionalidad. Si el niño tiene un pensamiento aterrador, pero espera y no pasa nada malo, la ansiedad disminuye y, con la práctica, el niño aprende que la calma y la relajación son buenas estrategias. De lo contrario, si el niño no logra esperar y tranquilizarse, no tendrá la oportunidad de aprender que la relajación es autocalmante. Pero la realidad es que es mucho más fácil acudir a mamá o a papá para lograr esa relajación, así que para un niño no es realmente una decisión difícil de tomar. El niño siempre acudirá a sus padres mientras estos le ofrezcan el confort que necesita. Pero los niños que necesitan un padre presente para conciliar el sueño han aprendido a depender de este y no a confiar en sí mismos.

DAVID D. O'GRADY,
doctor en Psicología Clínica y Neuropsicología

Rayos, truenos y petardos

Recuerdo que de pequeña yo era muy temerosa y, cuando había una tormenta, me escondía debajo de la cama. Una tarde que había una tormenta especialmente fuerte, mi madre me vino a buscar y me estiró del brazo para que saliera de mi escondite.

Me colocó delante de la ventana y me dijo:

—Ahora miraremos juntas los rayos y truenos, y verás lo bonitos que son.

Cada vez que caía un relámpago, mi madre gritaba:

—¡Ooooooh! ¡Qué precioso!

Me enseñaba a encontrarle una belleza a aquello que me aterrorizaba. Fue entonces cuando me di cuenta de que no me pasaría nada malo. La clave era exponerme de forma amable a lo que me daba miedo. Cada vez que miraba una tormenta por la ventana y me daba cuenta de que yo estaba a salvo, se reforzaba un mensaje positivo en mi mente.

Un instinto ancestral

En los animales superiores, el instinto de supervivencia nos impulsa naturalmente a buscar refugio durante las tormentas, ya que originalmente estábamos expuestos a los fenómenos de la intemperie.

Toda situación que ponga en peligro nuestra integridad, aunque sea lejanamente (resulta muy difícil que nos alcance un rayo), nos lleva a buscar cobijo.

Nuestro modo de vida actual nos protege de estos fenómenos atmosféricos, pero aun así hay muchas personas que padecen lo que técnicamente se llama brontofobia.

Es un miedo muy arraigado en niños pequeños y animales que desaparece de forma natural en los seres humanos al llegar a la adolescencia.

El pánico a los cohetes y petardos está muy relacionado con este miedo ancestral, ya que de forma inconsciente lo percibimos como una amenaza que llega del exterior a través de explosiones y luces deslumbrantes.

MANIFESTAR LOS TEMORES

El miedo puede mostrarse de maneras muy diferentes y por ello crea tanta confusión en los padres. Hay criaturas que lo verbalizan claramente y de otros no saben cómo expresarlo. La duda es saber si es una conducta condicionada por llamar la atención, si es por motivo de estar demasiado sobreprotegidos, si es por una mala experiencia, si es por un trastorno de la personalidad, etc. El caso es que se debe averiguar el motivo y poner los medios para reconducir los efectos de estos miedos.

Guardarse el miedo

Hay niños que tienen miedo y no lo dicen. Se lo guardan, como se guardan la envidia o los celos, como estos niños que dicen: «Papá no me quiere suficiente», y no lo exteriorizan, pero sí que lo sienten y piensan. Por alguna razón, se avergüenzan de su miedo. Tal vez nosotros no hayamos hecho gran cosa para ganarnos su confianza. No perderemos nada de autoridad si les contamos que nosotros también fuimos niños; al contrario, ganaremos complicidad con ellos y se abrirán más a nosotros.

Un ángel de la guarda

Las respuestas de ansiedad están integradas a modo de reacciones defensivas innatas en el repertorio de conductas de los niños y, en general, de todas las personas. Como mecanismo de vigilancia del organismo, sirven para alertar al niño de posibles peligros y, por ello, desempeñan un papel protector en la preservación del individuo y de la especie. Desde esta perspectiva, la existencia de respuestas de ansiedad —dentro de ciertos límites— es más un signo de salud que una señal de enfermedad. La ansiedad es una emoción que surge cuando la persona se siente en peligro, sea real o no la amenaza. Los temores se convierten en la niñera del crío cuando este comienza a alejarse de la madre y empieza a explorar el mundo por sí solo. Los bebés, por ejemplo, comienzan a sonreír ante cualquier rostro, incluso el de personas extrañas, a las ocho semanas de vida, pero entre los seis y los ocho meses cambian con frecuencia de conducta y empiezan a experimentar el temor a los extraños. De este modo, se puede concluir que la madre protege al bebé de la falta de discriminación durante las primeras semanas de vida, pero es el propio miedo el que se convierte en el agente protector cuando el bebé comienza a experimentar movilidad y a alejarse de la madre. Desde este enfoque adaptativo, como si se tratase de un auténtico ángel de la guarda, los miedos equilibran la tentación de curiosidad ilimitada del niño. Así, si un niño no fuese capaz de emitir respuestas de ansiedad, habría que inducírselas.

ENRIQUE ECHEBURÚA ODRIOZOLA,
catedrático de Psicología Clínica
en la Facultad de Psicología
de la Universidad del País Vasco

Muchos padres hablan de que sus hijos tienen miedo de ir a dormir porque se imaginan cosas pero no son capaces de verbalizarlas. Lo demuestran físicamente: por las mañanas les cuesta mucho levantarse por el hecho de estar todavía cansados; de noche, en cuanto se acerca la hora de irse a la cama, se ponen pálidos, los ojos se les ponen tristes... Pero no es que tengan miedo a dormir, sino que no saben qué pasará cuando vayan a dormir. Y todo ello a pesar de que el padre o la madre esté al lado leyéndole cuentos.

Los padres han de aprender a identificar estos cambios: si el niño está triste, preocupado o incluso rabioso. Averiguar qué le pasa, pero sin pincharlo; hay que utilizar la empatía y ponerse en su lugar.

Cuando a un niño le quieres preguntar sobre algo que crees que le está pasando, has de darlo por sentado directamente, y decirle cosas como: «A mí también me pasaba, y a veces también me ocurre ahora» (exactamente igual como hemos hablado antes de los monstruos), porque así ve que no es algo tan grave y se siente acompañado. Necesitan nuestra complicidad y nos lo van a agradecer. Si les decimos que también sufrimos pesadillas ahora y que a su edad también teníamos miedo, no se sentirán culpables y sabrán que sus congojas nocturnas no son nada excepcional, y que con el tiempo, igual que nos pasó a nosotros, irán desapareciendo.

MALOS HÁBITOS

¿Cuándo tienen miedo los niños? Especialmente cuando se ha creado un mal hábito. Cuando los padres siempre han acompañado al niño y nunca se ha tomado esta decisión: «Te quedas despierto y ya te dormirás, y tranquilo, que nosotros estamos ahí fuera». Porque los padres creen que hay que estar al lado del niño hasta que se duerma. Esto, psicológicamente, le crea inseguridad, porque no se cree capaz de quedarse solo.

Y este mal hábito, si hace años que dura, tendremos que romperlo proponiéndoselo al niño. Tendremos que decirle: «A partir de tal día iras tu solo a dormir, lo haremos de esta manera y haremos un juego muy divertido». Sobre todo que no sea bruscamente, que se vaya haciendo a la idea a su ritmo. Lo peor que se puede hacer en este caso es obligarle a algo de forma traumática.

Para ello, usaremos pegatinas, premios, fichas... Decirle que todos los días que duerma solito y bien habrá un desayuno sorpresa. Todos los cambios que se produzcan en la vida de los niños no deben ser drásticos ni traumáticos, para que los afronten con naturalidad.

Los niños pasan muchas situaciones de desasosiego, son numerosas las ocasiones en que escuchan a su padre o su madre gritar «¡Cuidado!». Esto les genera mucha inseguridad, cuando puede que el adulto grite porque se ha golpeado la pierna. Es mejor evitar las alarmas innecesarias y los sobresaltos.

El niño con miedo crónico

A veces los temores antes de dormir pueden ser parte de un problema más grande de ansiedad o depresión que podría necesitar atención profesional, pero, por lo general, el miedo no significa algo más profundo o un problema psicológico. Todos los niños tienen miedo de dormir solos a veces. Pero la mayoría de los niños que desarrollan patrones de sueño de ansiedad crónicos lo hacen porque han adquirido un mal hábito que se ha perpetuado. Problemas en la escuela, discusiones en casa, miedo al fracaso o una película de terror pueden contribuir al miedo e incrementar la dependencia de los padres.

Que una noche de miedo se convierta en un patrón crónico dependerá de la respuesta que den los padres. Proporcionar tranquilidad y seguridad en su justa medida tratando de desarrollar la capacidad del niño de tranquilizarse será vital para que este logre calmar sus temores por sí solo. Este dominio y experiencia acumulada se generalizará a otros aspectos de su vida, añadiendo además la confianza y la fuerza necesaria en todo lo que emprenda. Los niños que pueden consolarse a sí mismos son más autosuficientes, más capaces y más seguros de sí mismos.

DAVID D. O'GRADY,
doctor en Psicología Clínica y Neuropsicología

Terapia de exposición progresiva: un ejemplo de agorafobia

El caso de esta madre y de sus niñas se puede dividir en dos. La pequeña es la que se comporta como una madre, pero la mayor es agorafóbica, incluso necesita que la acompañen al lavabo durante el día, y cuando tienen que salir el fin de semana han de estar convenciéndola durante un buen rato, porque si fuera por ella se pasaría el día en el sofá, en la zona conocida y segura, y no iría al baño ni a ningún otro lado.

Si nos encontramos ante un caso semejante, ¿cómo debemos afrontarlo con un niño tan pequeño?

Hay que reprogramar la mente. Aplicar lo que en psicología se conoce como terapia de exposición progresiva. Es decir, el primer día le decimos: «Este trocito te acompaño y luego vas un trecho más sola». Y aumentar progresivamente esa distancia poco a poco. Añadiendo, por supuesto, el refuerzo positivo, un incentivo, porque si no, no lo hará. Ir poniendo pequeños objetivos con algún premio.

Este entrenamiento se ha de planificar. Si pensamos hacerlo en 15 días, deberemos repartir el objetivo.

Existe un interesante y efectivo ejercicio con pegatinas.

Vamos a ver cómo funciona:

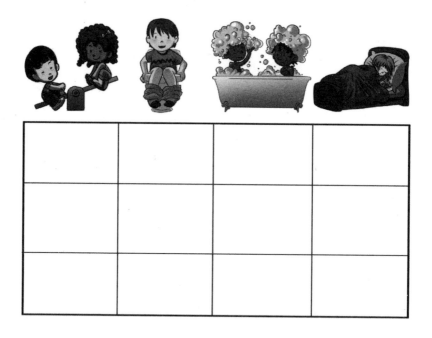

Yo les pongo una pegatina cuando vuelven del cole y hacen un poco de trabajo: leen, juegan, van a la bañera, cenan, se lavan los dientes... Normalmente el problema se ubica en uno de estos puntos: hay niños a los que les cuesta dormir, niños que no quieren hacer los deberes, otros que no saben ir solos al lavabo... Y marcamos un objetivo en el cuadro. Yo lo hago con una flecha. Por ejemplo, «Ahora aprenderemos a ir solos al lavabo».

En el caso que comentábamos de la niña, podría ser: «El primer día irás hasta la puerta del lavabo sola; el segundo entrarás en el baño y yo me quedaré en la puerta; el tercero me quedaré a un metro de la puerta», etc. Y si lo consigue lo marcaremos con una pegatina con la carita contenta, sino lo marcaremos con una carita decepcionada (hay que utilizar pegatinas divertidas, que sean muy simbólicas).

La pegatina de la carita enfadada solo la utilizaremos en caso de que haya hecho algo francamente mal. Si ha perpetrado alguna gamberrada, ha lanzado una silla contra la mesa o algo parecido. Pero esto no suele ocurrir.

La carita con una amplia sonrisa es el día que obtienen el premio.

Hoy en día todo este material lo venden en las librerías (cuadro y pegatinas). Lo utilizo muchísimo con los niños porque les encanta. Para ellos la pegatina de la amplia sonrisa es como la medalla del atleta, significa que eres un campeón y que has ganado una medalla de oro; y lo bueno es hacer mucho teatro cuando juguemos a esto, porque es muy simbólico: tienes la cara contenta, la enfadada y la decepcionada. Cuando no consiguen algo no nos ponemos de malas, sino que nos sentimos decepcionados: «Vaya, qué lástima, esta vez no lo has conseguido...».

Con esta aproximación vas cambiando el comportamiento.

Pongamos el caso de un niño que no quiere ir al baño, incluso de día. Es bastante usual. O que no se atreve a ir solo por la casa (y en una casa de dos plantas o una casa antigua de campo, ya mejor ni hablar). Este comportamiento se trata poniendo pequeños objetivos y de forma progresiva para que él vea que sí es capaz. Incluso haciendo juegos.

JUEGOS CONTRA EL MIEDO

Si los padres son miedosos, transmiten este temor al niño: «Cuidado, que caerás», «Vigila, que te vas a hacer daño»... Hay que ser prudentes, pero no vivir en una constante congoja.

Por eso haremos juegos para potenciar el valor: juegos de esconderse, juegos a oscuras...

«La gallinita ciega» (a saber por qué tuvo que ser una gallina y no un faisán o una perdiz) es todo un clásico. Consiste en vendar los ojos del niño y que este atrape a los demás. Suele hacerse dentro de una misma habitación libre de muebles que ocasionen accidentes y lesiones.

El clásico «escondite», aparte de ser divertido, resulta muy beneficioso ya que el niño, de manera espontánea y lúdica, puede meterse en lugares cerrados, oscuros y claustrofóbicos (armarios, habitaciones, baúles...). Una vez ahí dentro, el crío puede acostumbrarse a la oscuridad.

Se le pueden comprar pequeños regalos económicos y envolverlos con papel que sea fluorescente. A continuación se apagan todas las luces y que el niño busque sus regalos a oscuras por toda la casa. Ni se dará cuenta de que es de noche. En cuanto encuentre su primer regalo, descubrirá que le encanta la oscuridad. La oscuridad será sinónimo de alegría para él, será su aliada.

Ya que hablamos de fluorescencia... Podemos adquirir estrellas fluorescentes en alguna papelería. En caso de no encontrarlas, podemos elaborarlas nosotros mismos recortándolas del papel. Las colgaremos en el techo de su habitación y se dormirá sonriendo mientras las contempla. Este simple juego funciona de maravilla: a los niños y, ejem, a más de un adulto les encanta, es como dormir al aire libre.

Otro juego terapéutico es regalar al niño un libro de cómo hacer sombras chinescas. Tendrá que hacerlas tumbado en su cama y proyectarlas contra la pared de su habitación. Se divertirá mucho mientras se queda dormido.

Hay uno que es muy chulo y que a los padres les gusta mucho cuando se lo propongo. Consiste en que estos escondan un objeto, que puede ser una silla o una pelota, y a continuación los niños, con los ojos vendados, han de ir a buscarlo. Deben recorrer toda la casa a oscuras, y esto tiene tela marinera. Procuraremos que no haya nada con lo que puedan hacerse daño o tropezar, e iremos con ellos diciendo lo de «frío», «caliente», «que te quemas». La finalidad de este ejercicio no es tanto que encuentren el objeto como que se muevan por la casa con los ojos tapados.

Este tipo de actividades ayudan, de manera efectiva, a reforzar el valor del niño y la confianza en los demás y en sí mismos.

Los juegos son instrumentos para dominar el espacio en situaciones que el niño no tiene controladas.

Otro juego interesante es el de identificar sonidos. Por ejemplo, por la noche, debido al cambio de temperatura, las casas antiguas crujen, sobre todo el metal y la madera. Muchos niños por la noche escuchan ruidos por ese motivo. En mi casa, los primeros años, a las doce de la noche se escuchaba una especie de campanada, y era una viga de metal. Cualquiera habría pensado que era un fenómeno paranormal, pero mi hermano, que es arquitecto, me lo explicó: hay muchos materiales que se dilatan y contraen debido al cambio de temperatura. Incluso los ladrillos crujen.

Existen otras maneras de explicar a los niños la procedencia de los sonidos. Si en una casa hay un perro o un gato, siempre puedes pensar que ha sido el animal el que ha hecho el ruido. O un pájaro que se acerca a la ventana... El juego consiste en que identifiquen el origen de los ruidos que pueden escuchar. En el caso de que el adulto no sepa identificar el origen de dicho sonido, siempre puede ofrecer a su hijo una explicación tranquilizadora.

Buscar algo por la casa con los ojos tapados

Al principio, el juego debe ser sencillo: lo escondemos a tres metros, por ejemplo, y cuando el niño lo encuentra, le decimos que es un campeón porque, con el refuerzo inmediato, el niño se envalentona y piensa: «Venga, un poquito más».

Desmitificar el miedo

Como ejercicio, si el niño tiene un miedo concreto, puede hacer como una pequeña obra de teatro donde él mismo se disfrace de lo que le da miedo.

También se puede jugar a que los padres le den miedo pero sobreactuando, que sea muy evidente que se trata de una broma, o que sea él quien dé miedo: «Oh, qué dientes tienes, qué miedo me das». Hay que desmitificar el sentido del miedo.

Ocho ejercicios contra el miedo

Los siguientes ejercicios buscan trabajar la relajación antes de dormir, de modo que preparemos al pequeño para un descanso reparador. Están especialmente indicados para la hora previa a acostarse, cuando algunos niños se angustian ante la posibilidad de pasar una mala noche.

1. Visualizar con música

Estirados en la cama o sobre una alfombra, pedimos al niño que trate de poner atención en su respiración, que detecte cómo el aire llena sus pulmones.

Acompañaremos la actividad con una música instrumental suave e indicaremos al niño que relaje progresivamente distintas partes del cuerpo (desde la cabeza hasta los pies) mientras deja la mente en blanco.

A continuación, le sugeriremos que se imagine en lugares agradables (campos verdes repletos de flores, mar calmado de aguas cristalinas, etc.).

Trataremos de acentuar las percepciones sensoriales. El olor de las flores o la brisa en las mejillas nos pueden ser de ayuda para que el niño entre progresivamente en el sueño.

2. Un cubito de hielo bajo el sol

El niño, de pie, deberá adoptar una postura más bien rígida. A continuación, le pedimos que imagine que es un cubito de hielo expuesto bajo el sol del verano. El calor irá derritiendo el hielo de manera gradual.

El niño deberá relajar la musculatura lentamente hasta quedar completamente tendido en el suelo, con brazos y piernas entrelazados hasta formar un charco de agua imaginario.

3. Marionetas sin hilos

Con los brazos hacia arriba, como si formara con ellos una posición de aleteo, propondremos al niño que se imagine que es una marioneta movida por hilos.

A continuación, le daremos indicaciones de movimientos que cumplirá como si alguien manejara los hilos.

Tras «cortar» el hilo de la mano izquierda, esta caerá para adoptar una postura de reposo. Lo mismo haremos con el hilo que sostenía la muñeca y el codo. De este modo, todas las partes del brazo irán cediendo a la gravedad con una postura de reposo.

Lo mismo haremos con el resto de las partes del cuerpo hasta que el crío acabe tendido en el suelo.

4. Tensión-distensión

En este ejercicio alternaremos posturas de tensión muscular con otras de distensión.

Situaremos al niño tumbado en el suelo y le indicaremos que «tense» su musculatura como haría en un frío día de invierno.

Después, pasaremos a un caluroso día de agosto. El niño deberá vencer el calor destensando la musculatura, hasta aflojar todo su cuerpo.

Alternaremos las dos posturas las veces que consideremos necesarias, y terminaremos el ejercicio en una postura de máxima distensión.

5. En lo alto del estante

Pediremos al niño que simule tratar de alcanzar algo que hay en lo alto de un estante. Para ello deberá estirar todo lo que pueda sus extremidades.

Volverá progresivamente a una postura de reposo para intentar de nuevo alcanzar «el objeto» en lo alto del estante.

El niño debe adoptar ambas posiciones de manera alterna, para finalizar en una postura de reposo cuando al fin haya conseguido alcanzar imaginariamente el preciado objeto.

6. Gravedad

En este sencillo ejercicio, el niño debe levantar una parte de su cuerpo para dejarla caer a continuación. La caída ha de ser progresiva, sin brusquedad, como si se deslizara.

Para lograr una buena relajación, el niño debe repetir este ejercicio tres veces.

7. La butaca

Sentado en una silla, el niño extenderá sus piernas poniéndolas en tensión. Mantendrá la fuerza durante cinco segundos para adoptar una postura relajada a continuación.

Este ejercicio debe repetirse varias veces con distintas partes del cuerpo.

8. El globo

Tumbado encima de la cama, el niño situará las manos sobre su abdomen. Acto seguido, llenará los pulmones de aire como si de un globo se tratase, y contendrá la respiración durante cinco segundos. Soltará el aire en otros cinco segundos.

Repetiremos el ciclo varias veces hasta que notemos que el niño ha alcanzado la relajación.

Siete cuentos
para niños miedosos

SOMBRAS

Una lámpara con forma de seta iluminaba levemente la habitación. La luz anaranjada proyectaba sombras por todas partes. Las imágenes deformadas y siniestras de un dragón se movían por las paredes. También volaba por el dormitorio una bruja sentada en su escoba y un tiburón con las fauces abiertas mostrando sus afilados dientes. Laura se abrazaba fuertemente a su conejo de peluche. Las imágenes que invadían su habitación la aterrorizaban.

Aquel desfile monstruoso no se detenía. Al tiburón le siguió un pirata al que le faltaba una pierna y una mano. En su lugar había una pata de palo y un garfio, que seguramente estaba muy afilado. Después surgió la sombra de un demonio con grandes cuernos y una espada en la mano.

Laura tenía un nudo en la garganta que le impedía gritar y llamar a sus padres. Además, no se atrevía a emitir sonido alguno. Si lo hacía, aquellos espectros de la pared la sorprenderían y se la comerían. Entonces notó que su conejo de peluche estaba más caliente de lo normal. Tuvo la sensación de que el corazón de su muñeco estaba latiendo. ¡Estaba vivo!

Soltó el peluche viviente arrojándolo fuera de su cama y, cuando iba a levantarse para escapar, el conejo habló:

—No tengas miedo, Laura. No voy a hacerte ningún daño.

—Pero estás vivo. Eres un peluche que habla.

—Pues claro. Oye, ¿no tendrás una zanahoria? Tengo hambre.

—Los muñecos no comen.

—Yo no soy un muñeco cualquiera. He sido creado para despertar cuando un niño tiene miedo. Y tú tienes miedo. ¿No es verdad?

—Mucho.

—¿Qué es lo que te asusta? —preguntó el conejo, moviendo su nariz.

—Ellos —dijo la niña, señalando las sombras que se movían por las paredes.

El conejo rió al ver las formas que aterrorizaban a Laura.

—Jajaja, pero si son tus amigos.

—¿Mis amigos? Yo veo un dragón, una bruja, un tiburón, un pirata y un demonio. ¡No pueden ser amigos míos!

—Si me traes una zanahoria, te contaré su historia.

Laura se levantó de la cama, fue a la cocina y volvió a la habitación entregando la comida a su conejo, que empezó a mordisquearla.

—¿Quieres que desaparezcan? —preguntó el conejo al mismo tiempo que masticaba.

—Sí —contestó ella—. No quiero verlos.

—Entonces tan solo tienes que apagar esa lámpara que tiene forma de hongo... Pero si lo haces, será muy triste para ellos —susurró el peluche parlante, sin dejar de masticar la zanahoria.

—Es de mala educación hablar con la boca llena.

—Para los niños sí, para los conejos no.

—¿Por qué dices que será una pena? —preguntó Laura cuando ya iba a apagar la luz.

—El dragón dejó de escupir fuego el mismo día que naciste tú, ¿lo sabías?

—¿De verdad?

—Claro, no quería hacerte daño cuando supo que vendría a vivir a tu habitación. La bruja no es más que un hada, se llama Estrella. Ella y el dragón adoran a los niños. Fue ella quien me fabricó. Yo solo cobraré vida cuando tengas miedo. Fíjate en el tiburón, ¿no ves que es un delfín? Solo quiere jugar en tus paredes. El pirata es un marinero que ha cruzado los grandes océanos. Se enfrentó a innumerables peligros para venir a vivir contigo. Aquí se siente a gusto, tenía muchas ganas de vivir en tierra firme.

—¿Y el demonio?

—Ese diablillo... no es más que un rey vikingo. Si le quitas el casco verás que no tiene cuernos y es tan rubio como tú. Su reino desapareció hace muchos años, pero esta habitación le recuerda a su antiguo palacio. Todos quieren estar contigo y, cuando es de noche, aprovechan la luz de tu lámpara para bailar en las paredes.

—¿No me harán daño?

—Al contrario. Todos estamos aquí para evitar que tengas pesadillas. Vaya, parece que se te cierran los ojos...

Al día siguiente entró el padre de Laura en la habitación. Apagó la lamparita y se fijó en el móvil que colgaba del techo.

—Oye, cariño —dijo en voz alta a su mujer, que estaba en el salón—, no me había fijado que en este móvil hay un dragón, una bruja, un pirata... ¿No crees que debería quitarlo? Igual a la niña le da miedo.

—No, por favor —le pidió Laura desde la cama—. Me gustan mucho, son mis amigos. Con ellos no tengo miedo por la noche.

El padre se encogió de hombros y notó que había pisado algo. Se agachó extrañado al ver que se trataba de una zanahoria mordisqueada.

—Es para él —dijo la niña mientras abrazaba con fuerza a su conejito de peluche.

ANIMALES NOCTURNOS

Por más que lo intentaba, Gabriel no podía dormir. Se cubrió completamente con la sábana y encendió su linterna. Estaba atemorizado e intentó distraerse leyendo un cómic.

—¿No deberías estar durmiendo?

Gabriel se incorporó presa del pánico, pegando su espalda contra la pared.

Dirigió su mirada hacia la voz que le había hablado. Descubrió tres pequeños bultos en la ventana abierta de su dormitorio. El de la izquierda era el mayor, el que estaba en el centro era mediano y el de la derecha era el más pequeño.

—No es hora de leer —volvió a hablar una de las sombras—. Es más de medianoche y mañana toca colegio.

Enfocó su linterna hacia las tres sombras y descubrió a un búho, una lechuza y un murciélago que le observaban.

—¿Qué hacéis aquí? —preguntó Gabriel.

—¿Puedes apagar ese trasto? —Los tres se protegían los ojos tapándose con las alas—. La luz nos molesta mucho.

El niño apagó su linterna.

—¿Qué hacéis en mi ventana?

—Pues nada especial. Hemos salido a dar nuestro paseo, como cada noche —contestó la lechuza.

—Al pequeñajo este le ha entrado hambre y le hemos acompañado para que se coma los mosquitos que hay en tu habitación —dijo el búho refiriéndose al murciélago.

—Oye, a mí no me llames pequeñajo, pedazo de gordinflón —protestó el aludido—. Y tú, Gabriel, ¿por qué no estás durmiendo?

—Me da miedo la noche.

—¿Miedo? —exclamaron los tres a la vez.

—La oscuridad, los fantasmas y los ladrones.

Al murciélago le entró tal ataque de risa que se atragantó con el mosquito que estaba engullendo y empezó a toser. La lechuza le golpeó el lomo con su ala.

—Vale, vale, no golpees tanto que ya está —se quejó el murciélago.

—No hay razón de tener miedo por las noches, al contrario —reflexionó el búho—. Cuando llega la oscuridad todo está en calma. Las únicas criaturas que viven de noche somos nosotros, y ya ves que no hacemos ningún daño a nadie.

—Además, el pequeñajo se come los mosquitos que te picarían —dijo la lechuza riendo.

—Al próximo que me llame pequeñajo le muerdo las plumas de la cola, aviso —gruñó, muy ofendido, el murciélago.

—Pero, ¿y si un ladrón quiere entrar en casa? —sollozó Gabriel.

—Nosotros vigilamos —dijo el búho—. ¿No sabías que somos los encargados de velar por ti?

—Cierto —continuó la lechuza—. Somos la patrulla de la noche. Vigilamos que ningún ladronzuelo se acerque a ti. Si vemos un sospechoso, le damos tal susto que se le quitan las ganas de volver. Cada niño del mundo tiene su propia patrulla particular. Está formada por un búho, una lechuza y un pequeñ...

—¡Murciélago! —se anticipó el comedor de mosquitos antes de que volvieran a reírse de su tamaño.

—No lo sabía —dijo el niño, maravillado.

—Lógico, los niños nunca nos ven, están durmiendo —le reprochó el búho—. Espero que sepas guardar el secreto.

—No diré nada a nadie, os doy mi palabra —aseguró Gabriel, levantando la mano.

—Eso espero —le advirtió la lechuza—. Ahora acuéstate, cierra los ojos y descansa.

Antes de quedarse dormido le pareció que la lechuza volvía a llamar «pequeñajo» al murciélago y oyó un fuerte batir de alas.

A la mañana siguiente, Gabriel, una vez levantado, vio que la ventana y el suelo de su habitación estaban llenos de plumas de búho y de lechuza. Eran las plumas de la cola...

Pensó que esa noche tal vez había soñado con un murciélago enfadado con dos aves nocturnas. ¿Fue realmente un sueño?

A partir de esa noche durmió siempre con todo placer y tranquilidad. A veces se despertaba unos segundos, miraba hacia la ventana y se sentía protegido al ver su patrulla, formada por tres bultitos, cada uno más pequeño que el anterior.

EL ATRAPASUEÑOS

Los padres de Ana estaban preocupados por su hija. Tenía frecuentes pesadillas y se despertaba llorando por las noches. Una amiga les aconsejó que compraran un «atrapasueños». Era una especie de móvil que hacían con sus manos los nativos de Norteamérica. Se decía que aquel artilugio capturaba las pesadillas de los niños y les permitía descansar.

Aquella noche Ana se acostó inquieta, como cada noche. Sus padres habían olvidado comentarle que habían colgado del techo aquella pieza de artesanía. Tardó en dormirse, ya que la luz encendida le impedía conciliar el sueño. Pero, pasadas las doce de la noche, cerró los ojos.

Soñó que en su habitación entraba un bandolero con una gran capa, blandiendo un enorme cuchillo. Se acercó a ella con una horrible sonrisa llena de dientes de oro. Ana empezó a sudar y a gemir. Cuando el malhechor estaba a pocos centímetros de la niña, una enorme fuerza arrastró al bandolero y fue absorbido por la oscuridad.

Al día siguiente, por la mañana, Ana escuchó unos grititos que pedían socorro. No sabía de dónde provenían. Finalmente descubrió un hombrecillo con capa aprisionado entre las cuerdas de un objeto que colgaba de una de las vigas de su dormitorio.

—No hay derecho —chillaba el hombrecillo, intentando liberarse de las cuerdas del atrapasueños—. Me habéis puesto una trampa.

—Tú eres el bandolero que se me ha acercado esta noche mientras soñaba. —Ana rió sorprendida—. Pero si eres ridículo, tan pequeño...

—Oye, niña. A ver si tienes un poco más de respeto a los mayores —se indignó el bandolerito.

—¿Tú, mayor? —Volvió a reír la niña—. ¡Pero si mides menos de un palmo! Y pensar que me has dado miedo...

—Los personajes de los sueños no somos de tamaño real, somos más pequeños de lo que parece.

—Eres muy gracioso, ¿sabes jugar a algo?

—Solo sé jugar al póquer —contestó el bandolero al mismo tiempo que cesaba en su lucha por liberarse y dejaba caer los brazos—. Oye, preciosa. Estoy agotado. Llevo toda la noche intentando librarme de estas cuerdas. Anda, sé buena chica y sácame de aquí.

—Antes tienes que hacerme una promesa.

—Lo que quieras, pero líbrame de estas ataduras.

—A partir de ahora, cuando formes parte de mis sueños no serán pesadillas —le ordenó Ana—. Jugarás conmigo a pelota, al ajedrez, a construir naves espaciales y a hacer muñequitos de plastilina.

—¿Qué? ¡Ni hablar! Yo no juego a esas chiquilladas. ¿No me has visto? Soy un bandolero. Atraco las diligencias a caballo, asalto trenes. Soy el terror de los viajeros.

—Parece divertido... —pensó en voz alta la niña—. Cuando vayas a caballo, ¿me llevarás contigo a una de tus aventuras? Aunque eso de robar no me gusta... Mira, trae un caballo para mí y echaremos carreras. ¿De acuerdo?

—Rayos y truenos, ¡de acuerdo! —aceptó a regañadientes el bandolero—. Ahora, si no te importa...

Ana desató al causante de sus pesadillas y lo sostuvo en la palma de su mano. El bandolero se ajustó el sombrero de ala ancha, se cubrió el pecho con la capa con un enérgico gesto y, después de hacer una reverencia a su libertadora, desapareció como una pompa de jabón. Ana notó que se había olvidado el cuchillito entre sus dedos. Lo cogió y lo guardó en un cajón de su cocina de juguete.

Los padres de Ana estaban muy contentos del atrapasueños. La niña se acostaba temprano, siempre de buen humor. Lo que era extraño es que por las mañanas siempre se levantaba con el cabello revuelto, como si el viento la hubiera despeinado.

Una pantalla de cine

Cada noche igual, en cuanto sus padres apagaban la televisión y las luces del piso, llegaba la oscuridad total, llegaban las tinieblas y el terror.

Juan no podía dormir; aunque hiciera calor, sentía cómo todo su cuerpo temblaba. Se cubría la cabeza con las sábanas y contaba las horas que quedaban para levantarse.

Una noche de agosto alguien le quitó la sábana de la cabeza.

—¿Qué haces tan tapado? Hace calor, te vas a derretir como un helado de fresa.

—¿Quién es usted? ¿Qué hace en mi habitación? Voy a llamar a mi padre ahora mismo.

—Quieto, tranquilo. No estoy en tu habitación —dijo un hombre sonriente con un fuerte acento americano—. Estoy en tu mente, en tu sueño. Por cierto, puedes llamarme Spencer.

—¿Que le llame Spencer...?

—No estés asustado, chico. —El intruso rió—. Verás, yo era una estrella de cine hace tanto tiempo, que las películas eran en blanco y negro. Mucha gente me recuerda por ellas. ¿Tú has visto alguna?

—Sí, creo que recuerdo haberle visto en una de marineros —respondió Juan, algo más tranquilo.

—Yo sigo vivo gracias a la gente que me recuerda —comentó sonriendo el actor— Y mira, aprovecho para charlar con niños como tú. Cuando tienen miedo, me cuelo en sus sueños para que este desaparezca.

—Spencer, ¿cree que dejaré de tener miedo? ¿Cómo?

—Utilizando la magia —dijo el viejo actor—. Imagina que cuando te vas a acostar estás pagando una entrada de cine. Cuando entras en la sala te das cuenta que no hay nadie. El cine es para ti solo, la sala entera te pertenece. El proyector se pone en marcha y se ilumina el techo de tu habitación; es la pantalla. ¿Notas el olor de la sala de cine? Es especial, ¿verdad?

—Lo noto, me gusta mucho.

—Ahora salen los créditos con los nombres de las estrellas de cine que más te gustan. El argumento es el que quieras, el que apetezca ver. Eres libre de escoger. Somos libres mientras dormimos. No debes escoger una de miedo, ¿para qué? Mejor una de aventuras, o de risa... ¿Ves las primeras imágenes? Es un barco de pescadores...

Por la mañana, Juan preguntó a su madre si tenían una película en la que aparecía un actor llamado Spencer y que iba de marineros o de pescadores.

La madre encontró el DVD inmediatamente. Juan puso la vieja película del gran actor Spencer Tracy, *Capitanes intrépidos*.

Al ver la sonrisa bondadosa de su nuevo amigo, Juan derramó lágrimas de emoción. Se prometió que nunca le olvidaría, que vería todas sus películas... y, sin darse cuenta, el miedo a la oscuridad dejó de ser el protagonista de las noches de Juan.

Algún día trabajaría en el mundo del cine.

EL MONSTRUO

Marta había desobedecido a sus padres. Le dijeron que no viera aquella película, que luego por la noche tenía pesadillas. Pero ella, en cuanto le prohibían algo, lo hacía con extrema tozudez.

Mientras sus padres dormían, encendió el televisor y puso el volumen muy bajito para que no oyeran lo que estaba haciendo. Ardía en deseos de saber por qué no podía ver aquella película.

Trataba de una casa encantada habitada por espectros, vampiros y toda clase de monstruos peludos y pelados.

Cuando ya hacía media hora que veía el filme, comprendió su terrible error. Estaba muy asustada, tanto que le iba a ser imposible dormir. Apagó sin hacer ruido el televisor y se metió en la cama esperando dormirse lo antes posible e intentando no pensar en todos aquellos fantasmas, hombres lobo y hombres pato. No lo consiguió. Se desveló y cualquier ruido o sombra la llenaban de pánico.

Marta lloraba de miedo. Era consciente de que se había equivocado al desobedecer a sus padres.

El chirrido de la puerta de su habitación la alarmó todavía más. Estaba tan aterrorizada que no podía ni gritar ni salir huyendo. Al ver que un hombre lobo acababa de entrar en el dormitorio y olisqueaba a su alrededor, deseó estar en cualquier otra parte del mundo.

—Ah, ¿así que estás aquí? —dijo amenazadoramente el monstruo mientras mostraba unos enormes colmillos—. Tienes unos bracitos muy tiernos, Martita.

En aquel momento, el hombre lobo abrió la boca mostrando el resto de su horrenda dentadura..., pero no parecía que fuera a morderla.

De repente, aquel espectro soltó un terrible estornudo.

—Salud —dijo Marta educadamente.

—Gracias. Ah, ah, ah...

El licántropo soltó otro tremendo estornudo, seguido de otro. Y de media docena más. Cada vez que el pobre monstruo estornudaba, Marta volvía a desearle salud.

—Ay, madre —se lamentó él con un marcado tono nasal—. ¿Tienes un pañuelo, por favor?

—Ahora se lo doy, señor lobo —obedeció Marta, acercándole una caja de pañuelos de papel.

Entonces la niña vio que algo había caído encima de sus sábanas.

—Perdone, pero se le ha caído la dentadura —dijo ella al mismo tiempo que la recogía con un pañuelo y algo de asco—. Habrá sido al estornudar. Está usted muy resfriado.

—Calla, calla, ¡menudo gripazo he pillado! —respondió el hombre lobo antes de sonarse el hocico de manera escandalosa.

—¿A qué ha venido? —preguntó ella, notando que ya no estaba asustada.

—Bueno, venía a asustarte un poco, pero creo que los monstruos estamos pasados de moda —se lamentó él mientras volvía a encajar la dentadura postiza en sus fauces—. Ya no asustamos a nadie.

—¿Le apetece leerme un cuento?

—De acuerdo, ¡por qué no!, pero que no sea de miedo, que luego no me duermes.

Marta, sin decir nada, le acercó uno de sus libros ilustrados. El hombre lobo extrajo de uno de sus bolsillos unas gafas de leer y se sentó en la cama de Marta.

—¡Vaya! ¡*La Caperucita Roja*! —exclamó él, divertido—. Me alegro de que te gusten los clásicos. Es bueno que leas, mucho mejor que ver la televisión y según qué programas que luego te provocan pesadillas como la que estás viviendo.

—No es una pesadilla, lo estoy pasando muy bien.

—Bueno, Marta, cierra los ojos.

El hombre lobo abrió el libro, pero antes de pronunciar la primera palabra, se dio cuenta de que la niña dormía plácidamente.

Cuando Marta despertó, se dio cuenta de que junto a ella había un enorme peluche con el que había dormido abrazada. Era un gran perro lobo que le había regalado su padre y al que todavía no había prestado atención.

EL LADRÓN DE GUANTES NEGROS

Los padres de Alberto a veces trabajaban de noche. No les quedaba otro remedio que dejar al niño acostado, completamente solo en casa. No se podían permitir pagar los servicios de alguien que cuidara a su hijo porque cobraban muy poco dinero. A duras penas lo suficiente para pagar facturas, comida y colegio.

Ellos creían que Alberto ya dormía cuando salían de su domicilio. Pero el niño fingía dormir. Prefería que se fueran tranquilos. Sin embargo, en cuanto oía cerrarse la puerta y notaba la soledad, llegaban los temores. Cualquier ruido podía ser el preludio de una catástrofe. ¿Se incendiaría la casa y él estaría allí, encerrado? ¿Una explosión de gas? ¿El edificio entero se derrumbaría? ¿Un ladrón?

Aquella noche volvió a repasar una a una todas las posibilidades. En cuanto llegó a preguntarse por el caso del ladrón, escuchó un ruido sospechoso. Venía de la ventana. Se quedó helado a pesar de las mantas que le cubrían. La ventana se había abierto y alguien había tropezado con una silla y se había quejado por el dolor.

¿Tal vez sus padres se habían olvidado las llaves? No, jamás había ocurrido eso.

Empezó a oír toda clase de ruidos. Estaba claro, alguien había entrado en su casa, seguramente para robar... o algo peor.

Armándose de valor, se escondió debajo de la cama. Tal vez así el ladrón no lo vería. En su escondrijo encontró la pistola láser de juguete que hacía tanto tiempo que no encontraba. La agarró y consideró que lo mejor que podía hacer era enfrentarse con el criminal.

—Manos arriba —dijo Alberto mientras encendía la luz del salón y apuntaba al malhechor con su arma galáctica.

El desvalijador levantó las manos y se dio la vuelta.

—No dispares, por favor.

Alberto vio que el intruso llevaba guantes de cuero negros y un antifaz le cubría el rostro. También comprobó que la mesa donde solía comer con sus padres y el sofá estaban llenos de cajas y objetos diversos.

—¡Querías robar mis juguetes! —exclamó, indignado, Alberto.

—Eso no es verdad —se defendió el ladrón.

—¿Cómo que no? Si lo estoy viendo con mis propios ojos.

Alberto respiró tranquilo. Su pistola había impresionado realmente a aquel bribón.

Miró los objetos y se dio cuenta. Él no tenía ningún coche teledirigido, aquel balón era de reglamento, todos aquellos muñecos de superhéroes no le pertenecían...

Aquel individuo no había venido a «robar», había entrado en su casa para «regalar».

Después de observar uno a uno todos aquellos regalos, se dio cuenta de que se había distraído y había dejado de apuntar con su arma desintegradora al generoso delincuente. Y este había aprovechado para desaparecer de su hogar. Había escapado.

Nunca supo de quién se trataba.

Cada vez que paseaba por su pueblo, veía sonrisas cómplices por todas partes. ¿Había sido el profesor de la escuela? ¿Tal vez el panadero? ¿El alcalde también le sonreía? ¿O igual todos a la vez?

Desde ese día, Alberto dejó de pensar en ladrones nocturnos y, si por la noche escuchaba un ruido extraño, sonreía y se arropaba con la manta.

LOS SUEÑOS, SUEÑOS SON

—¡Ay de mí, ay infeliz! —exclamaba Valentina cada vez que se acostaba.

En cuanto se apagaba la luz, todo eran sombras terroríficas y, si cerraba los ojos, todos los personajes malvados se le aparecían amenazantes. Todos los monstruos del universo se juntaban para no dejarla dormir.

El árbol que veía desde la ventana era una enorme tarántula, el muñeco de peluche era un espectro tenebroso, la puerta de su habitación era la entrada al infierno.

El hecho de ir a dormir era una tortura.

Al día siguiente, los padres de Valentina tuvieron que ir de viaje durante una semana y ella tuvo que ir a casa de su abuelo.

Después de cenar, Valentina pidió al abuelo que le dejara ver su programa favorito.

Cuando el abuelo vio de qué trataba la serie de dibujos, entendió que tenía que hacer algo.

Esa noche su nieta tuvo un sueño inquieto.

La noche siguiente, después de cenar, el abuelo propuso algo a la niña:

—¿Te apetece ver una película que le gustaba a tu abuelo cuando tenía tu edad?

—Ay, sí —contestó Valentina, entusiasmada.

Cuando vio que las imágenes que veía en la pantalla eran en blanco y negro, se llevó una decepción. ¡Algunas eran incluso mudas!

Después de ver la película, el abuelo le propuso otra cosa:

—Si te vas ya directamente a la cama, te dejaré leer un poquito.

—Me encanta leer. ¿Tienes cómics?

—Cuando yo era pequeño se llamaban tebeos —respondió el abuelo, entregándole unos cuantos, un poco amarillentos por el paso de los años.

Esa noche, Valentina soñó con un personaje que llevaba bigote, sombrero hongo y bastón. Caminaba muy rápido y hacía muecas muy graciosas con la cara. Después soñó con las travesuras que hacían un par de niños gemelos, uno rubio y el otro moreno.

Despertó con una sonrisa y completamente descansada.

La noche siguiente, después de ver otra película y leer otro cómic, apagó la luz impaciente. Entonces soñó con dos personajes, uno muy gordo y otro muy flaco. A los dos les pasaban cosas muy divertidas. Después soñó con dos agentes secretos, uno calvo y otro con dos pelos. Eran un par de inútiles, todo les salía mal.

Volvió a despertarse sonriente.

Durante toda la semana estuvo viendo cine con su abuelo y leyendo los tebeos de cuando él era pequeño.

Pasada la semana, sus padres regresaron y Valentina volvió a su casa; de paso, aprovechó para llevarse muchos DVD con películas antiguas y cómics de su abuelo.

Cuando esa noche se acostó en su habitación, las ramas del árbol ya no eran las patas de ninguna tarántula; eran lo que eran, las ramas de un árbol. El peluche era un peluche tanto de día como de noche, y la entrada de su habitación era una simple puerta abierta.

Muy pronto dejó de gustarle aquel programa de televisión que siempre deseaba ver antes de irse a la cama.

Cuaderno práctico
para los miedos de los niños

Prevención de los miedos nocturnos

Todos los niños corren el riesgo de tener miedo nocturno. En la mayoría de los casos existen razones para ello. El hecho de identificar dichas razones puede facilitarnos la prevención del miedo:

- *Estímulos audiovisuales:* Evitemos que los pequeños vean programas de televisión, dibujos animados o películas que encierren una carga importante de violencia. Vigilemos que no vean imágenes de monstruos, aunque sean de «inocentes» dibujitos animados. Cuidado con los telediarios. Alerta con los reportajes históricos en los que aparezcan guerras o imágenes de holocaustos. Pongámonos en la piel impresionable de un niño.
- *Discusiones de pareja:* Si tenemos algo que hablar con nuestra pareja, que no sea delante del niño.
- *Bromas pesadas:* Nada de jugar a asustar a una criatura. No tiene ninguna gracia ponerse una máscara o dientes postizos.

Miedo a la escuela

Si vemos que nuestro hijo sale deprimido de la escuela o llora en demasía a la hora de entrar en ella, tenemos que averiguar lo siguiente:

- ¿Hay algún niño o grupo de niños que le hacen la vida imposible?
- ¿Existen problemas con el profesor?
- ¿Hay alguien que le está contando historias macabras?
- La escuela en sí, ¿es adecuada?
- ¿Está nuestro hijo demasiado protegido por nosotros y se angustia ante la separación momentánea durante el horario escolar?
- ¿Podemos pensar que sufre de claustrofobia?

Hablando con él podemos llegar al origen de lo que le causa ansiedad. Una vez detectada la razón del sufrimiento, podremos ser capaces de ponerle remedio, bien sea hablando con los docentes del centro, con los padres del niño que le está amenazando o, si el caso es grave, poniéndonos en contacto con algún psicólogo infantil.

Miedo a la oscuridad

Ya sabemos que la oscuridad es el origen de la mayoría de los miedos infantiles. Nuestro pequeño tiene la imaginación desbordada y, en muchos casos, al llegar la noche la fantasía puede mezclarse con la realidad.

Tenemos algunas maneras de prevenir, controlar y posiblemente solucionar el miedo a la oscuridad:

- Dejar una pequeña lámpara encendida.
- Comprobar con el niño que la oscuridad total no existe. El ojo humano se acostumbra a la oscuridad y es capaz de orientarse en ella.
- Supervisar los programas que el niño acostumbra a ver en la televisión o en el ordenador.
- Dejarle muy claro que, aunque no estemos en la habitación, estamos en casa y seguiremos allí por la mañana.
- Hacerle sentir que está en un entorno seguro y protegido.

Miedo a la muerte

Nuestra caducidad siempre resulta dolorosa, incluso para la gran mayoría de los adultos. Para una criatura esto resulta abrumador y tenemos que tranquilizarle antes de que se convierta en una obsesión:

- Insistirle en que tiene toda la vida por delante y que es un privilegio el hecho de poder disfrutarla en un ambiente agradable y seguro.
- Cuando es muy pequeño, tranquilizarle con fantasías que sean de su agrado.
- Una vez tienen uso de razón, no hay que evitar la conversación ni mentirle con promesas de un paraíso más allá de esta vida.
- No hay que ser tajantes diciéndoles que no hay nada más allá de la muerte, por la sencilla razón de que nosotros tampoco lo sabemos al cien por cien.
- Explicarle que en ciertas culturas, la muerte no es otra cosa que un tránsito a otra forma de seguir existiendo.
- En el caso de la desaparición de un ser querido, es importante dejarle claro que la persona difunta sigue viva dentro de nuestra mente.

Miedo al agua

El terror al medio acuático suele ser causado por algún trauma evitable:

- Cuando es un bebé hay que bañarlo con sumo cuidado. El agua debe estar a la temperatura perfecta y hay que lavarlo con delicadeza, sin movimientos bruscos.
- A la hora de introducirlos por primera vez en una playa, río o piscina habrá que hacerlo despacio, que se vaya acostumbrando él mismo al entorno. No hay que forzarlo ni arrojarlo al agua como si fuera una boya.
- Evitar bromas en el agua. No tienen ni pizca de gracia y suelen tener consecuencias.
- En verano, apostar por los juegos de agua.
- Tener a mano flotadores, manguitos y/o chalecos.
- Pensar en la posibilidad de contar con la ayuda de un monitor de natación.

Miedo a la separación de los padres

Los niños son testigos de las separaciones de los padres de algunos de sus amigos o compañeros del colegio. Esto les provoca angustia ante la posibilidad de vivir nuestra posible separación:

- Evitemos discutir delante de ellos y jamás hacerlo con violencia verbal.
- En caso de que existan desavenencias y una posible ruptura de pareja, hay que hacerles ver que el mundo no se acaba, que papá y mamá se siguen queriendo como amigos.
- Se les puede decir que salen incluso ganando ya que tendrán dos casas para vivir.
- Citarles ejemplos de niños felices cuyos padres se han separado de manera cordial.

SOBREPROTECCIÓN

Es del todo normal que queramos proteger a nuestros hijos de cualquier peligro, de cualquier disgusto, de cualquier mal ambiente, pero todo debe tener un límite o correremos el riesgo de criar a una persona totalmente dependiente. Tenemos que hacer todo lo posible para que nuestros niños sean personas independientes, que tengan plena capacidad de tomar sus propias decisiones en un futuro:

- No seamos alarmistas innecesariamente. No estemos cada cinco minutos advirtiéndole de que puede hacerse daño.
- Evitemos nosotros mismos situaciones que puedan encerrar cierto peligro. En el caso de la cocina, por ejemplo, no dejemos el mango de la sartén hacia el exterior. Situémoslo fuera de su alcance. De esa manera él no podrá cogerlo y quemarse con aceite hirviendo.
- Si estamos en la calle y se acerca un perro, que sabemos que es pacífico, hacer que lo acaricie.
- Poco a poco dar a nuestro niño cierto margen de libertad.
- Cortemos el «cordón umbilical» a medida que vaya siendo necesario.
- Que no nos vea alarmados cuando salga a jugar a la calle.
- Evitemos criar a un futuro adulto dependiente, ello puede acarrearle problemas de sociabilidad.

Miedo a los ladrones

Tal como están los tiempos, nosotros somos los primeros en acongojarnos ante la posibilidad de ser desvalijados. Sin embargo es absurdo permanecer siempre asustados. Hay que transmitir al niño la siguiente información:

- Las posibilidades de que alguien entre en nuestro piso, de noche, estando nosotros dentro es mínima. Es más fácil que nos toque la lotería.
- Nuestro apartamento es un bastión inexpugnable. Nuestra puerta está blindada.
- No tenemos nada que pueda interesar a un ladrón.
- Tenemos una alarma infalible (aunque eso sea falso).
- Los ladrones tienen más miedo que nosotros.
- Las películas de la tele son pura ficción.
- Papá y mamá sabrían perfectamente qué hacer en el caso de una situación de peligro.

MIEDO A LOS MONSTRUOS

Todos sabemos que los monstruos no existen, no son nada más que fruto de la imaginación de escritores, dibujantes y cineastas. Eso hay que transmitirlo a los niños:

- Si de noche tiene miedo de un monstruo, haremos que lo busque por la casa (siempre acompañándolo).
- Jamás reírse de su miedo.
- Contarle nuestros propios miedos cuando éramos pequeños y que los vea ridículos.
- Si le da miedo el monstruo de una película, buscar información del actor que lo caracteriza e incluso ver imágenes de cómo lo disfrazan o maquillan. Que vea que todo es un montaje.
- Si tiene miedo de un cuento clásico, hablarle del autor que lo escribió, demostrarle que no es nada más que una historia de ficción.

Miedo al médico

Hay que ir al médico cuando es necesario, bien sea por alguna vacuna, revisión o enfermedad. Si cada vez que ve una bata blanca se convierte en una tragedia, hay que ponerle remedio:

- Premiémosle con alguna pequeña recompensa si muestra coraje: un desayuno especial, un pequeño regalo.
- No siempre significa ser torturado, pero si sabemos que nos vamos a enfrentar con una jeringuilla, hay que hacerle ver que es para prevenir alguna enfermedad posterior que conlleve tratamientos más dolorosos. En definitiva, que es por su propio bien.
- Intentar que se interese por la medicina, no deja de ser una especie de magia. Hagamos que el doctor o la doctora sean héroes mágicos que le salvarán de grandes males y harán de él un héroe indestructible.
- Mostrar siempre tranquilidad, convertir la imagen del médico en un personaje amable, agradable.

MIEDO A LOS TRUENOS, RELÁMPAGOS Y PETARDOS

Empecemos a despertar el amor por el entorno en nuestros hijos. Los rayos y los truenos son fenómenos naturales de gran belleza, hagamos que ellos lo vean así:

- En caso de tormenta eléctrica, dejarles claro que estamos en un lugar seguro y que lo que debemos hacer es disfrutar de un maravilloso espectáculo natural. Contagiémosles el placer que nos provoca ver la naturaleza en estado salvaje.
- Explicarles cómo funciona un pararrayos y localizar los que tenemos cerca de casa.
- Admitir que a nosotros también nos daba miedo (los truenos y muchas cosas más), pero que una vez comprendimos que estábamos protegidos vimos que era absurdo.
- No hay que tener miedo, pero sí respeto, de los petardos o de los fuegos artificiales mientras sean manipulados con buen juicio.

JUGAR EN CONTRA DEL MIEDO

Jamás hay que obligar a un niño a enfrentarse a sus terrores a la brava, como si fuera un adulto. A los miedos hay que vencerlos con inteligencia, nunca de manera frontal. Pensemos en los recursos de los que disponemos:

- Utilizar los juegos que encontraremos en este libro.
- Tenemos una gran arma: nuestra imaginación. Inventemos nuestros propios juegos, preguntemos a ellos mismos por juegos que podamos disfrutar en la oscuridad.
- Leamos cuentos, además de los incluidos en este ejemplar, hay infinidad de literatura infantil escrita para combatir los miedos.
- Utilicemos la terapia musical. Poner la música que les gusta a la hora de ir a dormir funciona ya que les relaja. Seguramente, antes de que se termine la grabación, podremos desconectar el reproductor. Nuestro hijo ya se habrá dormido.

La memoria, nuestra aliada

Ya hemos dejado claro que hay que ponerse en la piel de nuestros hijos, es decir, es necesario utilizar nuestra capacidad de empatía. Y la mejor manera es recordar nuestra propia infancia. Aunque ahora nos parezca mentira, nosotros también fuimos niños y también tuvimos miedos. Abramos la puerta que encierra nuestros recuerdos y veamos cuáles fueron los terrores que nos agobiaron: las películas que nos marcaron, las noches en que pedimos a nuestros padres dormir con ellos porque las sombras de nuestra habitación se nos presentaban como amenazas, aquel compañero que nos intimidaba en el colegio y nos robaba el bocadillo, el profesor que se ponía hecho una fiera cuando no estudiábamos... Tuvimos una infancia repleta de temores, pero los vencimos de alguna manera. ¿Los superamos con el simple paso del tiempo y el crecimiento? Seguramente hubo algo más:

- Preguntemos a nuestros padres.
- Preguntemos a nuestros amigos.
- Preguntemos a algún psicólogo de confianza (todos conocemos a alguno).

No permitamos que nuestros hijos sufran si tenemos la posibilidad de ayudarlos. Pongámonos en su lugar; nosotros fuimos niños y, en muchos sentidos, todavía seguimos siéndolo.